책이 없는 세상 — 논픽션

차례

1부 그럴 리가

이세계로 떨어졌는데 ㅁ…이 없다	한유주	9
나는 기억한다, 책을	서성진	25
영원한 저항	천쓰홍	41
책을 금지하는 세상	이유진	55
가장 오래된 보호구역	이정모	71

2부 그렇지만

세상의 카프카들에게 내리는 빛	고명섭	89
건축을 죽인 자는 누구인가	박구용	105
소크라테스와 책 없는 세상	전병근	123
나는 피로 쓴 것만을 사랑한다	심의용	147
성의 없음의 디스토피아	김경수	161

3부 그럴지도

03.12.2124 그날 밤	조태성	179
실리카겔 — 책이 없는 세상에서 책은 어떻게 시작될까	이다희	197
잠 클리닉	김보경	211
엄밀하게 말해 인간이 아닙니다	한미화	227
신 없는 고통은 견딜 수 있지만	장은수	241
지구로 돌아온 조종사의 눈물	박산호	257

1부

그런 리아

이세계로 떨어졌는데

ㅁ...이 었다
    뭐

하윤주

나 : 친구야, 내가 책이 없는 세계에 대한 원고를 써야 돼. 처음에는 재밌겠다고 생각했어. 그냥 공기가 없거나, 스마트폰이 없거나, 가방이 없거나… 이런 상황이랑 크게 다르지는 않을 것 같았거든. 간단하게 내 세계를 구성하는 혹은 지탱하는 결정적인 무언가가 없다는 생각을 했을 때 무슨 일이 벌어질까를 상상해보는 것이 재미있는 사고 실험이 될 것 같았어. 그런데 막상 시작하려고 보니까 모르겠는 거야. 문자나 언어까지 없다고 가정해야 하는지, 아니면 내가 태어나기도 전부터 지금까지 책이 없는 상황을 생각하면 좋을지, 아니면 분서령이 내려졌을 때처럼, 예컨대 지난해 12월 3일 계엄령 선포되었을 때 언론 및 출판의 자유를 제한한다고 했던 것처럼 희대의 사건으로 인해서 책이 없어진 세계를 상상해볼지… 어디에 초점을 맞춰서 글을 써야 할까?
너 : 글쎄, 일단 간단히 생각해보자. 지금 우리가 사는 세상에 책이 없어진 거야. 난 좋을 것 같기도 해.

처음에는. (꽃이 지나고 나서야 봄인 줄 알았다, 이런 느낌으로?) 일단 집에 공간이 좀 늘어나지 않을까? 너나 나나 사실 다 읽지도 않으면서 책들을 무진장 많이 갖고 있잖아. 책이 없어지면 먼지도 안 쌓이고 좋을 것 같은데.

나: 그러게. 책이 근데 단열재 역할도 하고 (난 한 번도 안 해봤지만) 라면 받침으로 쓴다는 사람들도 꽤 있었잖아. 아, 라면 얘기하니까 생각난다. 너 고양이 처음 키울 때, 아기 고양이라서 화장실에 못 들어가니까 발받침대로 책을 썼잖아. 자크 데리다의 『문학의 행위』를… 그래서 내가 네 집 놀러갔을 때 보고 식겁해서 바로 뺐잖아.

너: 문학의 행위보다는 아기 고양이가 볼일을 잘 보는 게 더 대단한 행위 아닐까?

나: 그럴 수도. 일단 심신이 건강해야 문학의 행위도 할 수 있는 거겠지. 너도 알겠지만 한때 나 1년쯤 책을 한 권도 읽지 않은 적이 있어. 내 성장과정을 생각하면 있을 수 없는 일이었지. 물론 조금 읽긴

했어. 거리에서 눈에 들어오는 간판이나 이메일 같은 거. 하지만 글자들을 읽었지 책을 읽지는 않았어.

너: 우울증자들은 가끔 책이 사라진 세계로 들어가기도 하는 것 같아.

나: 네 말대로야. 그걸 회복하는 데 굉장히 오래 걸렸어. 한편으로는 책들이 마음의 부정적인 상태를 가속화시켰던 것 같기도 해. 책들의 잘못은 아니지만…

너: 무슨 말인지 알 것도 같고. 그래서 어떻게 극복했어?

나: 어쩔 수 없이 읽어야 해서? 알다시피 나는 글 쓰는 게 직업이잖아. 이걸 직업이라고 부를 수 있을지는 모르겠지만 아무튼 억지로 다시 읽었던 것 같아. 신기하게도 책이 지긋지긋할 때도 있지만 늘 다시 책으로 돌아가게 되네. 그러고보니 생각이 난다. 내가 어릴 때 엄마가 무당인지 점쟁이인지 찾아가서 애가 어떻게 클지 물어봤대. 근데 이런

대답을 들었대. 당신의 둘째 딸은 귀부인이 될 상이고 첫째 딸은 평생 책에 둘러싸여 살다가 죽을 팔자라고 했다는 거야. 그래서 엄마는 좋기도 하고 실망스럽기도 했대.

너: 네가 첫째 딸이잖아.

나: 그렇지. 난 운명이니 팔자니 하는 거 믿지 않는데 지금 내가 살아가는 모습을 보면 너무 맞는 얘기였어.

너: 책이 없는 세계라면 네 운명도 많이 달라지겠네.

나: 책이 없었다면 나는 과연 어떻게 컸을까? 태어나면서부터 책이 아예 없었다고 가정해보자. 너나 나나 도대체 어떤 사람이 되어 있을까? 사람이기는 할까?

너: 일단 나한테는 도피처가 없었을 것 같아. 우리 어릴 때 책 말고 오락거리가 없었잖아. 만화영화 보거나 밖에서 노는 것 말고는 딱히 할 게 없어서 이불 속에서 손전등 켜고(왜 그렇게까지 했는지 모르겠네) 동화책 보고 그랬어.

나 : 미운 오리 새끼에 날 대입하기도 하고.

너 : 닐스의 모험에서처럼 내가 아는 세계와는 전혀 다른, 굉장한 모험이 펼쳐지는 세계로 가지도 못했을 것 같고.

나 : 그러고보니 어릴 때 읽었던 제일 이상했던 책이 쥘 르나르의 『홍당무』였어. 홍당무가 별 이유도 없이 가장 미운 오리 새끼 취급을 받잖아. 심리라는 단어는 그때 몰랐지만 그 아이의 심리에 나를 대입했던 것 같아. 그런 도피처가 당시에는 몰랐지만 굉장한 안정감을 주었던 것 같고.

너 : 나는 「트루먼 쇼」에서처럼 주변 세계가 다 가짜인 건 아닐까? 나는 그런 세계가 고안될 정도로 굉장히 특별한 아이인 건 아닐까? 이런 생각을 했었어. 그러다 이 세계가 굳이 나 따위를 위해 조작되었을 리가 없다, 시공간의 낭비다, 이렇게 생각하면서 극복했던 것 같아. 진짜 주인공들은 책 속에 있었고.

나 : 책 많이 읽은 보람이 있다, 그치.

이세계로
떨어졌는데
ㅁ...이 없다

너: 그러게. 측은지심이라는 것도 결국 책을 통해 배운 것 같아. 책이 없었다면 나는 지금쯤 엄청나게 반사회적인 사람이 되었을 것 같아. 이솝 우화에서 "여우와 두루미"였나? 다른 사람의 입장에서 생각해라, 뭐 이런 이야기로 기억하고 있는데 직접 비슷한 상황을 난생 처음으로 경험하기 전에 사람 구실을 하게 해주었달까.

나: 나는 고등학교 때 장정일 작가 소설을 많이 읽었거든. 그 시기에 정말로 많은 책을 읽었는데 교복 입고 도서관 가서 얼쩡거리고 있는 나를 이상하게 보는 사람이 없어서 그곳이 편했어. (책이 없다면 당연히 도서관도 없겠네.) 책이 도피처 역할을 했다고 말했는데 도서관도 말 그대로 도피처였어. 아무튼 앞의 얘기로 돌아가자면 제목이 기억나지 않는 장정일의 어느 소설에서 바나나 잎을 프라이팬에 볶아서(기억이 확실하진 않아) 환각제 느낌이 나는 무언가를 만드는 장면 묘사가 있었다고 기억해.

예컨대 그 책을 읽지 않았다면 그런 건 상상도 안 해봤겠지. 안 해봤고 앞으로 할 일도 없겠지만 살면서 짐작조차 해보지 않은 것들을 알게 되는 재미도 컸어.

너 : 네 말대로라면 만약 책이 없다면 우리는 모든 걸 직접 경험해야 할 수도 있겠네. 고래잡이배도 타야 하고, 등에 날개도 달아야 하고… 관념이라는 개념도 모르고, 다소 비약적으로 말해보자면 내 이름도 없을 수도…?

나 : 일단 경험하기 힘든 세부적인 감정으로 한정했을 때 떠오르는 소설이 있어. (더운 날 땀을 뻘뻘 흘리면서 서울 시내를 걸어가는 사람이 지녔을 감정은 어느 정도, 그 순간에 한해서는 우리도 알고 있겠지.) 팀 오브라이언의 『그들이 가지고 다닌 것들』인데 혹시 읽어봤어?

너 : 아니, 읽어볼게.

나 : 베트남 전쟁에 억지로 끌려가게 된 어느 대학생 이야기로 시작하는 소설이야. 이 사람은 엄청난

마음의 고민에 빠져 있어. 그럴 수밖에 없었겠지. 전쟁에 찬성하는 것 같지도 않고… 우리 같아도 그렇잖아. (그런데 넌 가고 싶을 수도 있겠다. 내 마음속에서 너의 이미지는 좀 돌격대장 같달까? 불의를 보면 참지 못하고 대의를 위해 앞장서는 느낌이라 정당한 이유가 있다면 넌 바로 완전무장하고 선두에 설 것 같아.) 아무튼 나는 무서울 것 같아. 이 사람은 탈영할 생각을 하고 미국과 캐나다의 접경지 마을로 향해. 그곳에는 산장 같은 곳이 있는데, 산장 주인이 이 사람을 보고 단박에 무슨 상황인지 알아차린 것 같아. 그래서 일거리를 좀 주면서 아무 말 없이 며칠 머무르게 하거든. 이 사람은 마음속에 엄청난 혼란이 이는 상태로 호숫가에 서 있어. 그리고 호수를 바라봐. 그 풍경은 탁월할 정도로 아름답게 묘사되고 있어. 너무 아름다워서 처절할 정도로. 호수 표면은 잔잔하잖아. 하지만 그 아래는 정말 많은 것들이 들끓고 있겠지. 이때의 감정은 우리 같은 사람들은 좀처럼 경험할 수 없을 것 같아.
이런 마음을 안다고 해서 내가 좀 더 나은
사람이 될까? 잘 모르겠지만 도움이 안 되지는
않았을 것 같아.

너: 우리가 소설에 한정해서 얘기하고는 있지만
아무튼 나 역시 문학을 읽는 이유가 이 세계에
크나큰 도움이 되기 위해서라기보다는 일단
나 자신을 좀 더 나은 사람을 만들고 싶어서인
것 같아. 책이 없었다면 나는 지금도 딱히
훌륭한 사람이라고는 할 수 없지만 진짜
개차반이었을 것 같아.

나: 그러게. 책이 없었다면 영화도 없고, 드라마도
없었을 테니. 대본이 없을 거 아니야.

너: 예전에 엔터테인먼트 산업 종사자를 알고 지낸
적이 있어. 직급은 모르겠지만 관리하는 배우들이
있고 그랬거든. 그분이 대본집을 책이라고
부르시던 기억이 나네. 한 번은 우연히 마주쳤는데
어디 가시냐고 물으니 한강에 책 보러 가신다고.

무슨 책이냐고 물으니 대본집이라고 해서서 재밌다고 생각했어.

나: 책이 없다면 많은 사람들의 일자리가 사라지겠구나. 나는 소설가가 내 직업이라고 말하기 껄끄러운 느낌이 있긴 해. (정기적인 생활비를 벌어다주는 일은 아니니까. 『직업으로서의 소설가』와는 다르게 규칙적으로 날마다 글을 쓰는 사람도 아니고… 부끄럽네.) 아무튼 내 직업들 중 하나이고, 내가 소설가이기 때문에 파생된 여러 일거리들이 있어왔는데 내 직업은 단칼에 사라지겠다. 그럼 난 무슨 일을 할까? 할 줄 아는 게 이것밖에 없는데 어떻게 해야 할까?

너: 직업만이 아니라 정체성도 사라지네.

나: 내가 없을 수도 있어. 다른 형태의 예술적 재능은 전혀 없는 것 같으니 무엇도 못 할 것 같아. 내가 소설가로서 갖는 정체성이 대단히 확고하진 않지만 이마저도 없다면 내가 없을 것 같아.

한유주

너: 친구야, 너랑 얘기하다보니 재밌는 생각이 났어. 가끔 웹툰 플랫폼에 들어가보면 다들 이세계로 가버렸잖아. 남자 주인공들은 전부 북부 대공이고. 이런 걸 차용해보면 어떨까? 이세계로 갔는데 책이 없다…

나: 제목이 너무 직접적인데?

너: 그럼 이세계로 갔는데 □이 없다… 이건 어때? 네모 형태로 표현하면 책을 연상할 수도 있잖아. 책은 일반적으로 네모 형태니까. 동그란 책도 있겠고 마름모꼴 책도 있겠지만 대부분 직사각형 형태잖아. 아니, 직육면체라고 해야 할까?

나: 잠깐만, 다른 얘긴데 원구나 원뿔 형태의 책이 있을 수 있을까?

너: 오, 도저히 상상이 안 되지만 구 형태의 책을 어떻게 쓰고 읽을 수 있을까?

나: 책이 없는 세계를 상상해보자고 했는데 이상한 책들만 상상하고 있네.

너: 아, 너도 그 영화 봤잖아.「컨택트」라고. 거기서

헵타포드라 불리는 외계인들이 지구에 나타나서 자기들 언어로 무언가를 전달하잖아. 그 언어에는, 그들의 문자에는 시간조차 포함이 되어 있잖아. 따라서 우리에게 익숙한 선형적으로 흘러가는 언어는 아니잖아.

나: 맞아. 그 영화 보고 인식의 충격을 좀 받았어. 그걸로 어떻게 소설을 쓸 수 있을까? 이게 내 첫 생각이었어. 내 생각에 소설은 필연적으로 선형적이거든. 아무리 비선형적인 서사를 구축하려고 하더라도 쓰는 경험이나 읽는 경험 자체가 선형적일 수밖에 없잖아. 아무리 발버둥쳐도 물리적인 시간의 흐름을 벗어날 수 없다는 생각을 많이 해. 그런데 내가 헵타포드가 되어서 그들의 언어로 소설을 쓴다면? 과연 뭐가 나올까?

너: 시간에 대한 관념 자체가 우리와 다른 존재들이라면 문학이라는 게 과연 필요할까 싶기도 해. 문학뿐만 아니라 철학도 사회과학도

필요 없을 것 같기도 하고. 시간을 초월했다면
그 자체로 전지한 존재들 같네.

나: 단순한 지식의 차원이 아니라 인간의 크고 작은
감정들까지도 다 알 것 같은데. 그러면 완벽한
세계일까? 그런 세계야말로 책이 필요하지
않을 수도 있어. 좋은 쪽으로 말이야.

너: 원해?

나: …아니.

너: 이세계 얘기나 마저 해보자. 이런 이야기들에서
여긴 어디지, 나는 누구? 이러면서 시작하지 않나?

나: 트럭도 나와야 해.

너: 트럭은 너무 심하니까 자전거에 부딪혔다고 하자.
낯선 세계에 떨어졌는데 책이 없는 거야.
그런데 주인공조차도 기억을 잃어서 책이라는
사물 자체를 모르는 거야.

나: 그러다 어떤 원로가 자신의 지식을 후계자들에게
구술하는 장면을 목격하게 되고…!

너: 후계자들은 암기하려고 분투하고…?

이세계로
떨어졌는데
□…이 없다

23

나: 그러다 주인공의 마음속에서 스멀스멀 문자나 종이 따위가 어렴풋이 떠오르기 시작하는 거야.

너: □의 형태로.

나: □의 형태로.

너: □이 책이라는 것이 밝혀지는 순간이 결말이 되겠네.

나: 그럴지도.

나는 기억한다, 책을

―――――――――――

서성진

나는 기억한다, 다섯 칸짜리 한옥의 끝방에 있던 외가 식구의 책을. 엄마와 엄마의 형제들이 어릴 적 읽었을 위인전과 세계문학전집과 사범대학을 다닌 이모가 읽었을 것으로 추정되는 (나중에 깨달았지만) 좌파 책이 가득했다. 외가엔 작지 않은 크기의 책꽂이가 있었고, 나는 집에는 응당 책이 있는 것인 줄 알았다.

    나는 기억한다, 다섯 살 때까지 우리 가족이 살았던 단칸방엔 책장이 없었다는 것을. 20대 초반에 우연히 보게 된 옛날 가계부에는 콩나물 한 줌을 살 돈이 없어 불안해하던 20대 중반의 엄마가 있었다. 책은 사치재였다.

    나는 기억한다, 초등학교 3학년 때 친구에게 생일선물로 받은 책 『대머리산』을. 선물로 받은 첫 번째 책이었다. 그날 받은 다른 선물들은 하나도 기억나지 않는다. 『대머리산』을 준 친구의 얼굴과 이름만큼은 30년이 지난 지금도 또렷하다.

    나는 기억한다, 초등학교 4학년 어느 주말 계몽사 세계문학전집 『해저 2만 리』를 거실에서 읽고 있는데,

이모에게서 전화가 와 엄마가 받았던 장면을. 수화기 너머로 "우리 조카는 뭐 해?"라는 이모의 목소리가 들렸고, 엄마는 "독서삼매경이야"라고 답했다. 어깨가 으쓱해졌다. 독서는 부심을 가질 만한 특기였다.

 나는 기억한다, '컴퓨터 세대'의 판타지 소설 『드래곤 라자』가 신문 전면에 실렸던 것을. 황금가지의 광고 문구였겠으나 '청소년 필독서'라는 여섯 글자로 엄마를 꾀어 전질을 획득할 수 있었다. 인터넷을 연결하면 유선전화를 사용할 수 없어 PC통신 사용이 제한된 탓에 컴퓨터 세대의 감각으로 읽진 못했다. 자신을 의심할수록 분열해 불완전한 자기 영혼이 증식하는 '영원의 숲' 에피소드를 제일 좋아한다.

 나는 기억한다, 빌라 옥상 장독대 뒤에 만화 잡지 『아이큐 점프』를 차곡차곡 숨겨두었다가 엄마에게 들켜 폐지로 넘겨졌다며 울며불며했던 친구를. 나는 만화 잡지를 보는 친구를 이해할 수 없었다. 잡지 연재 분량은 만화 하나당 몇 페이지 안 돼 감질맛만 났기 때문이다. 단행본이 되기까지 1년을 기다리느냐,

개미 오줌만큼 흘려주는 몇 페이지씩을 참으며 1년을 보내느냐, 1990년대에 만화를 본다는 건 극강의 인내심을 요구하는 일이었다.

나는 기억한다, 영화 잡지 『스크린』을. 아마 1997년 「타이타닉」을 영화관에서 본 후 영화를 좀 좋아하는 사람이 되고 싶어서 가짜 시네필 행세를 하느라 사서 봤더랬다. 고급진 취미를 전시하는 데에 그만인 소품이었다. 하지만 씨네필은 될 수 없었다. 영화 잡지 십수 권으로 될 수 있는 종류의 덕후가 아니었다.

나는 기억한다, 『람세스』를 읽고 고고학자가 되겠다며 고대 문명에 대한 책을 사달라고 아빠를 졸랐던 것을. 크라운 판형에 컬러 인쇄, 2만 원 후반대 가격의 책을 고른 내게 아빠가 말했다. "아빠나 되니까 사주는 거야." 버리는 돈이었던 걸 직감하신 듯했다. 실제로 그랬다. 나는 그 책을 30쪽도 채 읽지 않았던 것 같고, 이후 고고학과 진학을 염두에 둔 적도 없다. 책을 충동구매하는 버릇만 남았다.

나는 기억한다, 『유리가면』 애장판이 내가

고 3이던 2002년에 출간된 것을. 11월 수능 직전까지 『유리가면』을 부모님으로부터 제공받았다. 거의 '진상'이나 다름없었다. 기숙학교를 다닌 탓에 먹을 거 못 먹고 다닌다는 이유로 적잖이 쨍알거렸고, 고 3이라 2002년 한일월드컵도 제대로 즐기지 못했으므로 짠하기도 짠했다. 이제는 책이 누래질 대로 누래지고 삭은 냄새가 풍겨 버리려 해도 부모님이 버리지 못하게 한다. 그 책은 부모님의 추억이기도 하다.

나는 기억한다, 귀여니의 등장을. 로맨스 장르의 인터넷 소설을 썼는데, 이성애중심주의와 학교 폭력 미화 클리셰가 아주 대단했다. 글의 절반은 ㅇ_ㅇ, -_-^, >_<, ㅜㅜ, ????????, !!!!!!!!!!로 점철되어 있어서, 문단은 이 작품을 소설로 칠 수 없다며 치를 떨었고, 과감한 문법 파괴로 국립국어원을 울렸다. 현 웹소설의 조상 되시겠다. 귀여니를 아시는 분, 건강검진 받으세요.

나는 기억한다, 신경숙의 소설 『외딴방』을 읽으며 이소라의 「눈썹달」 앨범을 CD 플레이어로 듣던 날을.

우울과 슬픔에 버무려진 나를 비스듬히 쳐다보며 친구가 "아주 우울하려고 작정을 했네"라고 핀잔했다. 훗날 신경숙 소설가가 표절 시비에 휘말렸을 때 '손절'해야 했을까? 책을 갖다버려야 했을까? 잘 모르겠다.

나는 기억한다, 대학교 후문 근처에 있는 서점에서 신중하게 책세상문고를 고르던 것을. 살림총서, 구 문지 스펙트럼, 시공사 디스커버리가 가벼운 대학생의 지갑과 지적 허영을 작게나마 만족시켜주었다. 책을 사면 10퍼센트 할인 쿠폰을 줬기 때문에 그 서점을 끊을 수 없었다. 그곳에서 산 사회과학서가 많은데, 그중 확실히 기억나는 건 비봉출판사에서 나온 김수행 선생이 번역한 『자본론』이다. 잉여가치, 교환가치보다 '아마포 저고리'가 참 낯설었다.

나는 기억한다, 열람실에서 중간고사 공부를 하다가 구내 서점에 가서 열린책들 세계문학 페이퍼백을 사던 것을. 희한하게 시험공부를 할 때면 평소 잘 읽지 않던 종류의 책이 당겼다. 열린책들이 러시아 문학을 필두로 출간한 세계문학 페이퍼백은 빽빽한 줄 간격이 특징이었다. 지금은 양장으로 나오지만, 그때만 해도 갱지 같은 종이에 빈틈없이 욱여넣은 글자까지 문고본에 충실한 외관이었다. 책이 똥똥할수록 귀여웠다. 제임스 미치너의 『소설』처럼.

나는 기억한다, 정희진의 『페미니즘의 도전』이 페미니스트들의 교본이 된 것을. 2000년대 초반 학생운동이 죽어가고 있었다지만, 여성해방제는 매해 열렸고 여성주의 교지와 자치언론도 나름 활발하게 활동했다. 서울 소재 몇몇 대학교에 국한한 현상이었을 수도 있겠지만.『페미니즘의 도전』을 세례받듯 읽었던 것 같다. 교지 활동을 하며 안온했던 아버지의 집이 부서지는 경험을 이미 하고 있었는데, 이제 정과 망치를 들고 내가 직접 부숴야 한다고 다짐하게 한 계기였다. 『유리가면』을 사다 바치던 아빠에게 내가 돌려준 것은 철퇴였던가.

나는 기억한다, 피터 싱어의 『동물 해방』(『우리

시대의 동물 해방』으로 제목이 바뀌었다)을 읽고 혼란스러웠던 것을. 동물의 권리를 주장하는 근거로 피터 싱어가 든 '쾌고감수능력'은 장애 인권의 관점과 교차해 생각할 때 비판의 여지가 있지만, 동물에도 천부의 권리가 있다는 생각 자체가 내게 준 인식론적 충격은 컸다. 공장식 축산업의 무도함, 육식과 여성의 관계, 채식과 페미니즘의 상관 등을 다룬 세미나만큼 힘든 공부가 없었다. 20여 년 전에는 이 급진성을 채 소화하지 못했다. 몇 년 전부터 조금씩 급진적이 되기 위해 다시 노력 중이다.

    나는 기억한다, 친구와 제주도 여행 중 우연히 들른 서점에서 서로에게 선물한 『너무 시끄러운 고독』을. 간혹 이렇게 선물하고/받고 싶은 책이 겹쳤을 때, 같은 책을 각자 사서는 그 자리에서 주고받곤 했다. 최근에는 동료와 물결서사에서 『그리운 메이 아줌마』를 교환하듯 선물했다. 『성원씨는 어디로 가세요?』를 쓴 유성원 작가가 추천한 책이라고 했다. 왜 추천했는지 선뜻 수긍이 가지 않았는데, 마침

동료도 그래서 더 궁금하다고 했다. 책에 홀리는 이유도 가지각색이다.

나는 기억한다, 잭 핼버스탬의 『여성의 남성성』을 장바구니에서 보관함으로 옮기면서 무심결에 절판 걱정을 했던 것을. 깜빡 잊고 있던 사이 절판됐다. 이매진은 정말이지 여러 면에서 한참을 앞서가는 출판사다. 이매진에서 낸 베티 프리단의 『여성의 신비』 2005년판 표지는 책 내용과 관련이 얼마나 있든지간에, 호든 불호든 간에, 엄지를 치켜세울 수밖에 없다. 출판은 기세다.

나는 기억한다, 친구가 이성애 결혼을 한다고 알려왔을 때 내가 한 질문을. "그 남자 책장이 얼만한데? 책장에 무슨무슨 책이 있는데?" 반은 농담이었다. 당연히 반은 진담이었다. 친구는 진지하게 대답해주었다. "방이 작아서 책장 네 칸짜리 하나 있는데, 거슬리는 책은 없더라구. 그렇다고 완전 '우리' 쪽인 것도 아니지만." 파트너와 잘 맞으면 좋은 것이 여럿 있는데, 유머 코드와 눈물 코드만큼이나 맞아야 할 것이 책 코드다. 책 코드는 사상과 정치의 코드이기 때문이다.

　나는 기억한다, 브뤼노 라투르의 『우리는 결코 근대인이었던 적이 없다』는 개심을 요구하는 책이라는 동료의 평을. 때로 책이 인식의 전환을 넘어서서 '개종'을 압박하는 경우가 있다. 저자가 주장하는 새로운 관점으로 세계를 보고 싶어도 못 볼 수 있다. 그런 일은 흔하니 좌절할 필요 없다. 계속 읽어가다 보면 돈오점수가 찾아온다(안 찾아올 수도 있음 주의).

　나는 기억한다, 한유주 소설가로부터 『녹천에는 똥이 많다』를 빌림 당해 읽었던 것을. 비속어 '썅'의 표준어가 '쌍'이라는 것을 이 책에서 알았다. 입말로 쓰여 욕설까지 그대로 번역한 『마일스 데이비스, 자서전』(근간)을 편집하면서 '썅'을 '쌍'으로 일괄 수정했더니, 말맛이 사라졌다. '썅'과 '쌍'을 두고 고민하는 순간엔 편집이란 대체 뭘 하는 직업인가 싶다.

　나는 기억한다, 책 재고를 묻는 전화가 교보문고, 예스24, 알라딘, 영풍문고에서 하룻날 동시에 왔던 것을. 곧이어 출판사 메일로도 독자 문의가 왔다. 절판된 책이었다. 절판 증후군이라는 것이 있다. 절판된 책을 소장하고 싶어 초조해진 독자가 모든 대형 서점에 재고를 확인하고, 출판사에 메일을 보내고 인스타그램 DM까지 총동원하며 수소문하는 상태를 일컫는다. 개인 판매자의 중고가가 정가의 두 배를 훌쩍 넘을 경우 상태는 더욱 악화한다. 절판되기 전에 이 책을 알지 못한 것이 억울하고, 되팔이들의 행태가 괘씸하고, 좋은 책이 분명한데 절판시킨 출판사의 결정이 심히 못마땅해진다. 나도 최근 『좌파의 우울』에 대한 절판 증후군을 앓고 있다. 사실 소유 집착을 버리면 치료된다. 우리에겐 상품을 공공재로 자동 변환해 소유 대신 공유를 경험하게 해주는 도서관이 있다. 가까운 도서관에 없다면 상호 대차 서비스를 이용하자.

나는 기억한다, 이스라엘에 의한 팔레스타인 공격이 더없이 무자비해진 2023년 이후 한국에 나온 팔레스타인 책들을. 『이스라엘의 가자 학살』 『가자란 무엇인가』 『집단학살 일기』 『당신은 하마스를 모른다』『가자에 지하철이 달리는 날』『이스라엘 팔레스타인 분쟁의 아주 짧은 역사』『팔레스타인의 파괴는 지구의 파괴다』『팔레스타인』『팔레스타인 종족 청소』『팔레스타인 시선집』 등이 있다. 마티는 『완벽한 피해자』(근간)라는 책의 출간을 준비하고 있다. 더불어 팔레스타인 책을 읽는 모임이 전국 곳곳에서 일어나고 있다. 책을 매개로 모인 이들은 작게 안도한다, 팔레스타인이 겪고 있는 굶주림과 고통을 나누려는 사람이 자신 말고 더 있다는 사실에. 여섯 명, 여덟 명, 스무 명, 쉰 명이 확인된다. 더하고 더하면 강에서 바다까지 띠를 이룰 수 있지 않을까. 푹신한 침대에서 책을 읽는 것만으로 연대라 할 수 있을지 매일 의심하며, 기회가 닿을 때마다 이 책들의 제목을 언급한다. 출판인이라는 이유로 주어진 지면에 출판인으로서 할 수 있는 일을 해본다.

 나는 기억한다, 2024년 12월 3일 윤석열이 저지른 내란을, 박안수 계엄사령관의 이름으로 발표된 포고령을. 포고령은 "모든 언론과 출판은 계엄사의 통제를 받는다"라고 적시하고 있었다. 그런데 출판 검열 운운은 사실 그다지 충격적이지 않다. 벌써 일어나고 있기 때문이다. 동성애를 '조장'하고 선정적이라며 학교 도서관에서 폐기되거나 열람 제한된 성평등 도서가 2024년 기준 총 5868권이라고 한다. 청소년을 위해 쓰였지만 청소년들이 최대한 읽지 못하도록 조치된 『생리를 시작한 너에게』와 『어린이 페미니즘 학교』 『Girl's Talk』가 내 책꽂이에 있다. 금서는 필독서다.

    나는 기억한다, 책 없는 세계를 주제로 무엇을 어떻게 써야 할지 막막하다는 푸념에 동료가 했던 말을. "지금! 지금 이곳 여기 우리." 무슨 말을 하고 싶은지 안다. 독서율이 해마다 떨어지고 있다. 단군 이래 최대 불황은 업계가 감당할 문제지만, 일상에서 책이 이토록 멀어지는 것은 단군 이래 최대 불행이다. 단언하건대, 숏폼으로는 이 글에 쓰인 약 6000글자만큼의 기억조차 만들 수 없다.

    마지막으로 나는 기억할 것이다, 이 글을

조 브레이너드의 『나는 기억한다』의 형식을 빌려
썼다는 것을. 그리고 『나는 기억한다』는 『계속 쓰기:
나의 단어로』를 편집하며 알게 됐다는 것을.
나 같은 인간이 있는데 책이 없어질쏘냐.
어림 반 푼어치도 없는 소리다.

영원한 저항

천쓰홍
陳思宏

책이 없는 세상을 상상할 수 있을까? 사실 굳이
'상상'이라는 단어를 사용할 필요도 없이 수많은
현대인들에게 이미 일상생활 속에 완전히 책의
존재가 사라지고 없다.

 내 책은 주로 타이완에서 출판되었다. 타이완에서
책과 관련된 행사를 할 때마다 나는 항상 "타이완문학
관련 책들은 참 처참합니다. 책을 쓰는 사람이 읽는
사람보다 많으니까요. 많은 서점이 문을 닫고 있는데
계속 글을 쓸 수 있는 동력이 어디서 나오나요?"라는
질문을 받곤 한다.

 이런 질문은 귀를 따갑게 하지만 실제 상황을
말해주고 있는 것도 사실이다. 타이완의 대형 시점
체인인 진스탕金石堂이 방금 나의 고향 장화彰化에
있는 유일한 분점의 영업을 올해 11월에 종료한다고
선포했다. 원인은 아주 복잡하다. 하지만 가장 중요한
요인은 장사가 잘되지 않는 것이었고, 결국 점주는
신규계약을 포기했다. 타이완의 독서 인구는 급속도로
줄어들고 있고 내가 자주 가던 많은 서점이 이미

사라졌다. 1990년대에 처음으로 수도 타이베이에 가서 대학을 다닐 때, 가장 즐거웠던 일 가운데 하나는 서점들이 몰려 있는 충칭남로重慶南路를 돌아다니며 책과 잡지 몇 권을 사는 것이었다. 그런 날은 정말 아름답고 완벽한 하루였다. 하지만 지금은 감히 충칭남로를 찾지 못한다. 대부분의 서점이 이미 영업을 중단하여 서점가가 사라진 지 오래이기 때문이다. 과거에 내가 즐겼던 독서의 공간이 지금은 전부 호텔이나 음식점으로 바뀌었다. 대도시의 모습은 원래 급속도로 변화하는 것이 특징이라 오늘 뜨겁게 타오르던 어떤 현상이 내일이면 차갑게 식고 만다. 하지만 글을 쓰는 사람으로서 수많은 서점이 문을 닫는 현실을 직시하다보면 탄식과 함께 "읽는 사람이 없는데 내가 왜 글을 써야 하나?" 자문하게 된다.

 한번은 진지한 실험을 해보았다. 타이완의 대중 교통수단을 이용하면서 책을 읽는 사람을 발견하면 노트에 정正 자를 그리며 계수하고 한 획을 치킨 한 조각으로 태환하여 저녁식사로 고열량 한국식 치킨을 몇 조각이나 먹을 수 있는지 실험한 것이다. 하루에 타이베이 전철과 고속철도, 일반철도, 시내버스를 두루 이용하면서 타이베이에서 가오슝高雄까지 남북으로 바쁘게 뛰어다녔지만 책을 읽는 승객을 단 한 명도 만나지 못했다. 하지만 정말로 한국식 치킨을 먹고 싶었던 나는 자신이 정한 원칙을 포기하고 소형 독립서점을 한 군데 찾아갔다. 점원은 휴대폰으로 게임을 하면서 손님인 나를 거들떠보지도 않았다. 한 시간쯤 서점에 있었지만 다른 손님은 들어오지 않았다. 그날 밤, 내 밥그릇에는 치킨도 없고 소고기도 없고 생선도 없었다.

인터넷시대가 현대인의 모든 시선을 공격하고 있다. 사람들은 어떤 지식이나 정보를 얻고 싶을 때, 곧장 AI에게 물어보지 굳이 책을 읽으려 하지 않는다. 성년이 되면 학교를 떠남과 동시에 완전히 책과도 멀어진다. 그래도 출세하고 사회적 성취를 이루어 안정된 생활을 유지한다. 책의 모습도 끊임없이 변화하여 전통적인 종이책 외에 전자책과 오디오북이 등장했다. 하지만 어떤 인터페이스이든 간에 책 읽기와 듣기는 조용한 시간과 정신의 집중이 요구된다. 과학기술이 우리의 삶을 점령한 뒤로 정보량은 핵폭발 수준이 되었고 우리는 다량의 영상과 소리의 폭발 속에서 '정신을 집중하는 것'과 '조용한 시간을 갖는 것'이 최대의 사치가 되어버렸다. 우리의 손가락은 이미 가족들과의 접촉을 잃은 지 오래고 연인을 어루만지지도 않는다. 우리의 눈은 가족을 응시하지도 않고 별을 바라보지도 않는다. 우리의 손가락과 눈은 오로지 휴대폰에만 닿아 있다. 수많은 사람이 AI와 연애를 한다. 독서? 독서는 너무 많은 시간이 필요하고 너무 느리고 너무 구태의연하다. 우리가 어쩌다 우연히 서점에 들어가면 그 목적은 주로 에어컨 찬바람을 쐬거나 이른바 인문적 숨결을 몸에 조금 묻히기 위해서다. 우리의 지갑 안에는 지역 도서관의 도서대출증도 없다.

 상상할 필요도 없이 수많은 사람의 세상이 주도적으로 책을 없애고 있다.

그렇다면, 나는 왜 계속 소설을 써야 하나?

독자들의 질문에 대해 나는 비교적 반역적인 인성을 가졌기 때문이라고 대답한다.

1980년대에 타이완은 줄곧 계엄 상태였다. 학교 작문시간의 주제는 영원히 '국민당이 지배하는 국가를 칭송하고 대륙을 공격하는 것'이었다. 당시 나는 초등학생이었고 정말로 이렇게 재미없는 제목으로 작문을 했다. 내용은 공허하지만 화려한 어휘와 수사로 국가 지도자를 칭송하면서 감탄부호를 남발했다. 절대적으로 높은 점수와 함께 선생님의 칭찬과 상장을 받을 수 있었다. 그러다가 한번은 글에 나 자신이 '창의'라고 생각하는 것들을 첨가해보았다. 결과는 너무나 뜻밖이었다. 당시 도대체 내가 뭘 썼는지 지금은 잘 생각이 나지 않는다. 하지만 분명하게 기억하는 것은 선생님의 얼굴이 황당함과 분노로 가득 찼었다는 것이다. 선생님은 나를 교무실로 불러 낮은 목소리로 말씀하셨다.

"네가 이런 글을 쓰면 내가 죽을 수도 있어.

너에게 어떤 점수를 줘야 할지 모르겠구나.
다시 써서 내일 제출해. 나중에 커서 작가가
되겠다고 하지 않았니? 이런 걸 쓰면 안 돼."
나는 과거에 썼던 글들의 범례를 참고하여 다시 써서
제출했다. 선생님은 마침내 얼굴을 덮었던 바위 같은
엄숙함을 풀고 부드러운 표정으로 말씀하셨다.

"그래, 글은 이렇게 쓰는 거야. 어제 쓴 건
찢어버리도록 해라."

글쓰기의 강대한 힘을 처음 경험하는 순간이었다.
시골에서 온 초등학생이 작문 한 편을 쓴다면 몇
사람이 볼 수 있을까? 그런데 선생님은 왜 그렇게
긴장했던 것일까? 나는 나이가 어려 당시 타이완
전체의 고압적인 정치시스템을 이해할 수 없었다.
하지만 글이란 것이 아주 위험하지만 큰 힘을 갖고
있다는 사실은 알고 있었다. 겨우 한 페이지를 썼을
뿐인데 선생님의 반응은 그토록 격렬했다. 그렇다면
책을 한 권 쓰면 어떻게 될까?

중학교 시절에 나는 수학 교과서에 시를 썼다가

수학 선생님에게 호되게 야단을 맞은 적이 있다.
선생님은 내게 시를 써서 무얼 할 수 있느냐고
물으셨다. 그러면서 진지하게 수학을 공부해야 나중에
큰돈을 벌 수 있다고 하셨다. 내가 나중에 소설가가
되고 싶어 한다는 얘기를 들었던 역사 선생님은 내가
학교 간행물에 발표한 글들을 읽으시고는 조소가 담긴
어투로 내게 말씀하셨다.

"나도 한때 소설가가 꿈이었다는 것 모르지?
하지만 소설가가 되면 굶어죽는 수밖에 없어.
그래서 역사 교사가 된 거야. 너도 다시
한 번 잘 생각해봐. 나중에 내게 고맙다고
할 게 분명하니까."

이상하게도 선생님들의 이런 지도가 당시의 나에게는
아무런 상처도 남기지 않았다. 나는 원래 내가
쓴 그 글들을 읽고 싶어 하는 사람이 하나도 없을
것이라고 생각했다. 하지만 선생님들은 내 글을
제대로 읽지 않았을 뿐만 아니라 내 글 때문에 특별히
나를 훈계했다. 이는 나의 글이 이런 신비한 힘을

갖고 있다는 것을 의미했다. 선생님들은 내게 다른 글을 쓰도록 명령했다. 하지만 나는 착하지 않았다. 선생님들의 권고를 듣지 않고 계속 내 글을 썼다. 내 글이 나를 어떤 기묘한 곳으로 데려갈 수 있는지 알고 싶었다.

성인이 된 뒤로 그렇게 말을 잘 안 듣던 이 바보는 정말로 작가가 되었고 가장 좋아하는 곳이 여전히 서점이었다. 외국에 나가 여행을 하게 되면 반드시 현지의 도서관을 찾았다. 나는 정말 공공도서관이 아주 '위험한' 곳이라고 생각한다. 도서관에는 책과 지식이 가득하여 과학정신을 고취하고 자유로운 독서를 선동한다. 도서대출증 하나만 있으면 다양한 철학을 흡수하고 역사를 탐구할 수 있다. 너무나 위험하기 때문에 독재국가에서는 큰 힘을 들여 도서관을 통제한다. 도서관 안에 진열된 책들은 관방의 심사를 거쳐야 민중이 독서를 통해 반항의 의지를 키우는 것을 예방할 수 있다. 독재자들은 틀림없이 도서관이 자신의 어록과 관방문서로 가득 채워지길 바랄 것이다.

소설은 나가 죽어라 하고 시는 쓰레기통에 버릴 것이며 과학간행물들은 서가에서 내릴 것이다. 민중이 독서를 열렬히 사랑하면 매일 각종 서적에 둘러싸이게 된다. 그러면 독재자가 어떻게 모두의 사상을 통제할 수 있겠는가?

    가장 극단적인 방식이 바로 분서다.

    중국 고대에는 진시황이 분서갱유焚書坑儒로 천하의 모든 시詩와 서書를 불태웠다. 중국 역사에는 '오액五厄'이라는 말로 다량의 서적이 불태워지고 지식이 수탈당한 일이 수없이 많았다. 근대의 독재자들 역시 서적의 위험성을 심각하게 인지하여 분서라는 격렬한 방법을 계속 사용했다. 히틀러를 수반으로 하는 나치당은 1933년 5월 10일, 베를린 오페라 극장 광장, 즉 지금의 베벨 광장Bebelplatz에서 대량의 서적을 불태웠다. 그날 밤, 나치는 맹렬한 불길 속에 책 없는 세계를 창조했고, 인민들이 문맹의 상태가 되어야 어떤 정치적 반항의식도 갖지 않게 될 것이며, 자신들의 정치적 지령에 순종하며 다 함께 위대한 국가를 창조할 수 있다고 생각했을 것이다.

　독일의 대문호 하인리히 하이네Heinrich Heine는 1823년에 "책을 불태우는 곳은 결국 인류도 불태울 것이다dort wo man bücher verbrennt, verbrennt man auch am ende menschen"라고 말한 바 있다. 이 말은 히틀러의 통치가 가져올 인류 전체의 재난을 예언한 것이었다. 독재자들은 책만 불태운 것이 아니라 수용소 안의 사람들도 불태웠다. 지금 베벨 광장에는 이처럼 끔찍한 분서의 역사를 기념하는 무시무시한 기념비가 남아 있다. 내가 '무시무시하다'고 말하는 것은 그 기념비를 찾아갈 때마다 온몸이 떨리고 불안하기 때문이다. 이 기념비는 온전하게 지면에 세워져 있지 않고 땅바닥에 박혀 있어 사람들이 그냥 지나치기 십상이다. 예술가 미샤 울만Micha Ullman이 지면에 정사각형의 구멍을 디자인했고, 그 구멍을 들여다보면 지하 공간을 볼 수 있다. 사면의 벽은 모두 서가로 되어 있지만 서가는 전부 텅 빈 채로 책은 한 권도 남아 있지 않다. 이 기념비는 밤에 보는 것이 적합하다는 생각이 든다. 광장에는 은은하게 빛나는 구멍이 있고 가까이 다가가면 밝은 지하세계를 발견할 수 있다. 그 세계에는 책이 한 권도 없다.

독재에 저항하고 자유를 쟁취하려면 반드시 책을 읽어야 하고 글을 써야 한다. 도시에는 서점이 있어야 하고 공공도서관에는 반드시 책을 지키는 파수꾼들이 있어야 한다.

책이 없는 세계는 이야기와 연극, 과학, 지식, 법률, 미적 감각이 없는 세계다. 책은 문화의 기본 단위다. 책 속의 글에서 발전하여 음악과 연극, 영화, 미술관, 예술, 문화가 형성되었다. 책은 정말로 독재자들을 가장 고통스럽게 만드는 위험한 사상전달의 도구다. 독재자들은 자신이 국가 출판협회의 회장이 되고 국가 문화예술 기관의 우두머리가 되고 싶어 한다. 독서는 우리가 저항을 시작할 수 있는 가장 기본적인 절차인 것이다.

마지막으로 『귀신들의 땅』에 관한 이야기를 하고 싶다. 나의 소설 『귀신들의 땅』은 우크라이나어로도 번역되었다. 불가사의한 일이다. 뜻밖에도 우크라이나에서 적지 않은 독자들을 만났고 독자들로부터 수많은 편지를 받았다. 얼마 전에는 키이우의 한 독자로부터 편지가 왔다. 러시아가 드론으로 시내를 폭격하자 그녀는 경보를 듣고 곧장 대피하기 위해 지하실로 뛰어 내려가면서 얼떨결에 책을 한 권 집어 들었다고 했다. 그 책이 바로 나의 『귀신들의 땅』이었다. 그녀는 밤새 지하실에 있으면서 『귀신들의 땅』을 다 읽었다. 그녀는 절망적인 순간에 글이 옆에 있어주었던 것에 대해 내게 감사했다. 그러면서 자신에게 하룻밤만이라도 안전하고 편안하게 보낼 수 있다면 글을 쓰고 싶다고 말했다. 우크라이나의 이야기를 써서 전 세계에 읽히고 싶다고 했다.

우리는 모두 책이 없는 세상을 원치 않는다. 소설을 쓰기 시작했다는 그녀의 말에 나도 그렇다고 했다. 나도 새 작품을 쓰기 시작했기 때문이다. 우리에게는 총도 없고 대포도 없다. 책이, 우리의 영원한 저항이다.

책을 급지하는 세상

육진

"책이 없는 세상에 대해 써주세요."
오랜 취재원이자 필자인 출판평론가 장동석 선생님한테서 연락이 왔다. 신문사 책팀 기자로 일하면서 장 선생님께 걸핏하면 원고를 달라, 코멘트를 달라 갖가지 요청을 해온 터라 거꾸로 받은 첫 청탁을 거절할 수는 없었다. "책이 없는 세상이라니, 천국 같고 지옥 같겠다"면서 무심코 답한 것이 문제였다. "그런 내용으로 쓰면 된다"는 경쾌한 답이 돌아왔다. 원고를 청탁하는 이들의 수법을 알고 있다. 기자 일의 상당 부분이 글 청탁이기 때문이다. 똑같은 덫에 걸려들고 말았다. 오늘 나의 글 빚은 카르마다.

'활자중독자'를 자치하진 않지만, 책을 물이나 음식처럼 여기긴 한다. 책이 없으면 목마르고 굶주린다. 가방에 책 한 권이 없으면 왠지 불안하다. 그래서 책이 아예 없는 세상을 상상하긴 어려우나 많은 책을 버리는 일은 종종 해왔다. 가장 인상 깊은 기억은 20년 전으로 거슬러 올라간다.

2005년 3월, 한겨레신문사에 정태기 대표이사가

새로 취임했을 때다. 그는 1975년 박정희 정권의 언론 탄압에 맞서 자유언론실천선언에 참여했다가 조선일보사에서 해직된 언론인이었다. 전두환 집권기에는 계엄령 하에 수배되어 장기간 도피 생활을 했다. 이후 1988년 한겨레신문사 창간을 발의한 이들 중 한 명으로, 국민주 중심의 신문사를 만드는 데 기여했고 퇴직 뒤 다른 기업에서 경영자로 일하다가 신문사 사장으로 돌아왔다. 출근 첫날 그는 기자들이 일하는 편집국 곳곳을 돌아보며 위태롭게 쌓여 있는 책더미를 먼저 손으로 가리켰다.

"자네, 경영의 기본이 뭔지 아나? 청소일세."
'하게체'를 즐겨 쓰던 사장은 이렇게 말했다. 그는 내가 아는 가장 지적인 탐서가 중 한 명이었다. 그러나 지저분한 사무실 환경이 쌓이고 쌓인 책 무더기 때문이라고 생각했던 것 같다. 그의 지시로 바닥부터 쌓여 올라가 마치 동굴의 석순처럼 위로 자라고 있던 책 기둥들이 하나둘 무너졌다. 책벌레가 파먹어 부서진 책, 오래된 보고서와 자료집들이 도처에서 발견됐다. 허물어뜨린 책들 사이로 미라처럼 말라붙은 박쥐 사체가 나오기도 했다. 그 작은 생물은 진짜 '책 동굴'에서 살다 간 것이다. 지적인 동물 같으니라고.

 그 뒤로도 회사에서 크고 작은 인사이동이 있을 때 책 무덤이 생겨나곤 했다. 나 또한 이 부서 저 부서로 옮겨 다닐 때마다 책을 정리했고 혼란에 빠져들었다. 책을 버리면 꼭 볼 일이 생겼기 때문이다. 이렇듯 책을 잘 버리지도 못하는 사람에게 책 없는 세상에 대한 글을 쓰라니, 너무도 난감해서 여러 사람에게 '책이 없는 세상'에 대해 묻고 다녔다. 지난여름, 소설가이자 번역가인 이주혜 작가님과 인터뷰하게 되어 질문했다. 책이 없다면 어떨 것 같냐고. 이 작가님은 "너무 힘들 것 같다"며 몸서리를 쳤다. 그리고 레이 브래드버리의 소설 『화씨 451』 이야기를 꺼냈다. 이 소설은 책을 불태우는 일을 하는 '방화수fireman'에 관한 이야기가 중심이다. 책이 금지된 세상의 레지스탕스들은 금지된 책을 통째로 외워버린다. 방화수는 책을 불태우는 척하면서 빼돌리곤 한다.

『화씨 451』의 번역가 박상준은 '옮긴이의 말'에서 1980년대의 '금지 문화' 풍경을 언급했다. '불량 만화'와 '불량 비디오'를 수북이 쌓아놓고 불태우는 과거를 회상하며 박상준은 수많은 '이야기'가 없어지는 게 안타까웠다고 썼다. 중국의 분서갱유, 나치의 책 화형식은 물론이고 기원전 3세기 세상 모든 책을 수집해놓았다던 이집트 알렉산드리아 도서관이 불탄 것도 아깝기는 마찬가지라며.

1980년대 경찰서를 출입한 기자 선배들은 불법 비디오 제작자들 이야기를 가끔 들려줬다. 불법 판매상들이 취급한 비디오 대부분은 야한 에로물이었다. 하지만 수거되어 불태워진 불법 비디오들 가운데는 일본 애니메이션도 상당수 포함돼 있었다. 김대중 대통령 집권기인 1998년 일본 대중문화 개방이 이뤄지기 전, 일본 문화 콘텐츠는 한국에서 원칙적으로 상영과 배포가 금지되었기 때문이다. 불법 비디오를 불태우던 경찰들은 종종 『화씨 451』의 방화수들처럼 몇몇 비디오를 슬쩍 빼놓았다고 했다. 그중에는 「이웃집 토토로」(1988), 「추억은 방울방울」(1991), 「폼포코 너구리 대작전」(1994) 같이 한국에서 볼 수 없는 일본 애니메이션도 포함돼 있었다. 불태워지기엔 너무 사랑스러운 이야기들 아닌가. 물론, 그런 귀여운 것들만 빼돌려지지는 않았을 것이라고 생각한다.

책의 경우는 좀 더 심각했다. 권력자들은 각종 명목으로 특정한 책의 판매와 유통은 물론이고 읽기까지 금지했다. 한국에서 '불온서적'의 역사는 100년을 헤아린다. 이에 관한 가장 오래된 법은 1907~1908년 일제강점기 언론과 출판을 통제하기 위해 제정된 신문지법과 출판법이다.* 신문지법은 이완용 내각의 법률 제1호였는데 언론사 창간을 허가제로 하며 국가가 발행 정지, 벌금형, 기기 몰수를 할 수 있도록 하는 악법이었다. 출판법 또한 비슷한 목적으로, 원고 검열을 통한 허가제를 규정했고 잡지는 원고에 대해 사전 검열을 받아야 했다.

이후 독재 정권하의 한국에서 금서로 지정된

* 「유신시대·1980년대의 유물 '금지·검열'… 지금도 현재진행형」, 2017년 6월 25일 『경향신문』 18면, 천정환

책들은 크게 두 갈래로 나뉜다. 하나는 사상적 검열로, 1970년대 개발 독재 시대의 대표적인 금서는 김지하의 시집 『황토』(1970), 리영희의 『전환시대의 논리』(1974), 『해방 전후사의 인식』(1979, 송건호 외 지음) 등이었다. 시인 김혜순은 젊은 시절 첫 직장인 평민사에서 편집자로 일할 때 서울시청의 검열과에서 군인에게 원고를 제출하고 받아가는 일을 했는데, 번역자 연락처와 장소를 대라며 경찰서로 불려가 따귀를 맞았다. 문제 삼았던 책은 미국 여성 노동운동가 메리 해리스 존스(1837~1930)의 일대기인 『마더 존스』(1978)였다.* 1980년대 금서목록에는 전두환의 정적 김대중과 김영삼의 정치적 행보를 다룬 책이 다수 포함되었다. 국가보안법 등을 적용해 '빨갱이'를 낙인찍는 사상 검열뿐만 아니라 전두환의 독재를 연장하는 데도 금서의 정치가 사용되었던 것이다.**

또 하나의 금서는 '풍속 검열'이었다. 음란해서 사회 풍속을 해친다는 이유로 금지된 것이다. 권명아는

---

* 「유신시대·1980년대의 유물 '금지·검열'…지금도 현재진행형」, 2017년 6월 25일 『경향신문』 18면, 천정환

** 국내 출판 물류 1위 기업인 날개물류의 창업주 이강미는 30대 시절인 1990년대에 책을 압수하려는 검찰에 맞서 싸우면서 "우리를 믿고 맡긴 출판사 연락 없이는 대통령이 와도 내줄 수 없다"며 책을 지켰다는 일화를 전한다. 이강미, 『간절함은 인생의 날개다』, 다산북스, 2025, 104~105쪽

1987년 민주화 이후에도 풍속을 통제해야 한다는 법제의 기본 이념, 풍속을 법으로 통제할 수 있다는 법의식과 심성 구조는 변하지 않았다고 보았다.*
1990년대 이런 풍속 검열에 걸린 대표적 소설이 마광수 연세대 교수가 쓴 『즐거운 사라』(1991)와 소설가 장정일의 『내게 거짓말을 해봐』(1996)였다. 마 교수는 1992년 '음란물 제조 및 반포' 혐의로 강의 도중 긴급 체포되었으며 출판사 대표까지 구속되었다. 사상 초유의 일이었다. 『즐거운 사라』는 대법원에서 판매 금지 처분이 내려져 세상에서 사라졌다. 2017년 9월 5일 마 교수가 숨을 거두었다는 사실이 알려지자 이 책은 온라인 서점에 정가의 5배가 넘는 중고 매물로 다시 등장했다.**

　장정일의 『내게 거짓말을 해봐』에 대해서 2000년 10월 27일 대법원은 징역 6개월, 집행유예 1년의 원심을 확정했다. 법원이 음란물이 맞다고 최종 결론 내린 것이다. 재판부는 판결문에서 "이 사건 소설은 괴벽스럽고 변태적인 섹스행각의 묘사가 대부분을

---

* 권명아, 『음란과 혁명: 풍기문란의 계보와 정념의 정치학』, 책세상, 2013, 343쪽
** 「마광수 전 교수 죽음에…'중고매물'로 등장한 금서 '즐거운 사라'」, 2017년 9월 6일, 인터넷 한겨레, 박다해 기자, https://www.hani.co.kr/arti/culture/book/809891.html

차지하고 있고, 성애의 장면이 매우 다양할 뿐만 아니라 아주 구체적인 점 등을 고려하면 오늘날 우리 사회의 보다 개방된 성 관념에 비춰보더라도 음란하다고 보지 않을 수 없다"고 밝혔다. 만화가 이현세의 『천국의 신화』(1997)는 2000년 외설 논란으로 1심에서 벌금 300만 원 납부명령을 받았고 2001년 항소심에서 무죄 선고를 받았다.

    이후에도 한국 사회의 특정 세력들은 법이 아니어도 임의로 특정한 책을 '불법'으로 만들고 유해한 것으로 간주해 없애버리려고 안간힘을 썼다. 이명박 집권기인 2008년엔 국방부가 "불온서적"을 수거하라고 지시해 논란을 빚었다. 소설가 현기영이 쓴 자전적 이야기 『지상에 숟가락 하나』(1999)와 경제학자 장하준의 『나쁜 사마리아인들』(2007), 역사학자 한홍구의 『대한민국사』(2003), 권정생의 산문집 『우리들의 하느님』(2008), 김진숙의 『소금꽃나무』(2007) 등 모두 23종이었다. 국방부는 반정부, 반미, 반자본주의 등의 내용을 담은 책들이기 때문이라며 문제 삼았는데,

'양서'로 널리 인정받은 책들이나 환경서적까지 포함되어 표현과 사상의 자유를 침해한다며 반발이 컸다. 알라딘과 예스24 등 온라인 서점들은 금서 지정에 항의하는 뜻을 담아 '국방부 지정 불온서적 23권' 코너를 따로 마련하고 '불온서적 마케팅'에 나섰다. 금지된 책들은 날개 돋친 듯 팔려나갔다. 불온서적을 구입하고 읽는 것 또한 저항의 일환이었다. 당시 자신의 책이 금지당했던 것을 알게 된 언어학자 노엄 촘스키는 "불온서적 판매량 증가는 한국인들의 양식을 보여주는 것"이라고 말했다.*

　기업도 특정 책을 사실상 금서로 지목했다. 2010년 10월 이마트는 협력사 창고에서 『전태일 평전』(초판 1983)**이 발견되자 해당 도서를 '불온서적'이라며 자체 조사를 벌여 책의 주인으로 추정되는 협력직원 한 명을 해고한 것으로 알려졌다. 이후 전태일 열사의 동생인 전순옥 당시 민주통합당 의원이 노조탄압 의혹을 빚은 정용진 이마트 대표이사 겸 신세계그룹 부회장에게 편지와 함께 『전태일 평전』을 보내며

---

*「국방부 불온서적 지정된 촘스키 "생각과 표현통제는 불행한 일"」,
　2008년 10월 25일 『한겨레』 1면, 송경화·노현웅 기자
**『전태일 평전』은 1983년 초판이 나온 뒤 1991년 1월, 2001년 9월,
　2009년 4월 개정판이 나왔다. 세 번째 개정판부터는 전태일기념사업회가
　발간했다.

항의하기도 했다.

2016년엔 온라인 사회과학 전자도서관이자 사회과학 자료 교환 사이트 '노동자의 책' 대표 이진영 씨가 국가보안법 7조 5항 '이적표현물 판매' 혐의로 구속 기소되는 일이 벌어졌다. 서울남부지검은 구속영장에서 "가치관이 형성되지 않은 학생과 일반 네티즌들에게 이씨가 게시·반포한 이적표현물들이 지속적으로 유포되게 방관하는 것은 우리 사회에 끼칠 해악이 너무도 크므로 조속한 격리가 필요하다"고 밝혔다. 그는 결국 풀려났지만 시대착오적인 권력의 행태에 비판이 쏟아졌다.*

특정한 책을 없애는 것은 손쉬운 통치 행위를 위한 권력의 작용이며 두려움의 표출이다. 과거엔 좌파적 사상과 음란성을 불온하다며 문제로 삼았지만 최근에는 성평등과 젠더 이슈를 빌미로 한 금서 지정 경향이 두드러진다. 2023년부터 2025년까지는 학교·공공도서관에서 '성평등·페미니즘 도서'에 대한 검열과 폐기가 이뤄졌다. 2019년과 2020년

---

* 「"'노동자의 책' 이진영 구속은 사상의 자유 탄압…석방하라"」, 2017년 1월 6일 인터넷 한겨레, 김규남 기자, https://www.hani.co.kr/arti/society/society_general/777690.html

이유진

여성가족부가 '다양성을 인정하고 성인지 감수성을 배울 수 있는 책'으로 199종 도서를 선정해 일부 초등학교에 보급했던 '나다움 어린이책' 사업이 빌미가 됐다. 보수 성향 학부모 단체와 정치인들은 이 책들을 "포르노 같은 책"이라며 꼬투리 잡았고 이어 2023년 이후에도 충남, 충북, 서울 등에서 상당수의 성평등과 성교육 도서들이 유해도서로 낙인찍혀 대량으로 폐기되거나 열람이 제한되었다.

    노벨문학상 수상자 한강의 대표작 『채식주의자』(2007) 또한 표적이 됐다. 경기의 중학교 두 곳에서 이 책의 열람을 제한하고 한 여고는 음란한 묘사라며 책을 폐기했다. 그 밖에도 2020년 호주출판상에서 올해의 청소년책으로 선정된 『생리를 시작한 너에게』(2019, 2021)는 153개교에서 폐기 또는 열람 제한 조치를 받았다.* 보수단체의 낙인찍기 민원을 이유로 경기도 내 학교도서관에서만 성평등, 페미니즘 도서 2500여 권이 폐기처분된 것으로 확인됐다. 시민단체는 교육청이 혐오세력에

---

*「경기교육청 "유해도서 제거" 공문에, 한강 '채식주의자' 2개 학교서 열람 제한」, 2024년 10월 22일 『한겨레』 10면, 이우연 기자

동조했다고 비판했다.*

    예전에 책을 없애는 이유가 공산주의적 견해와 사상이었다면, 이제는 '젠더'와 '페미니즘'이 공동체를 위협하는 '불온사상' 취급을 받는다. 주디스 버틀러는 '반젠더 이데올로기'가 오늘날 보수 세력과 독재 권력의 강력한 무기가 되었다고 말한다. 젠더는 그저 개인의 정체성 문제라기보다 국가, 권력의 불평등 분배를 기술하는 범주라며 버틀러는 젠더가 파괴의 원인으로 지목될 때 검열과 학문의 폐지, 공공집회 공간의 제한 등이 이어진다고 말한다.**

    오늘날 한국의 '젠더 공격', 곧 젠더를 이유로 한 사상 검열과 책 폐기는 주로 가짜 뉴스에 기반한 선동에 따라 이뤄진다. 극우 정당, 정치인과 기독교 근본주의자들은 젠더가 가족과 학교와 사회를 파괴할 것이라고 주장한다. 근거 없는 두려움에 권력자들은 사법적 권한을 행사하며 '젠더'를 병리화하고 책을 폐기한다. 이는 권력 역학의 문제다. 혐오를 통해 특정한 생명을 공격하고 취약한 이들에 대한 공격을

---

* 「보수단체 '낙인찍기' 민원에…성평등, 페미니즘 도서 2500권 폐기한 경기교육청」, 2024년 6월 12일 경향신문 온라인, 김태희 기자, https://www.khan.co.kr/article/202406121441011

** 주디스 버틀러, 『누가 젠더를 두려워하랴』, 337쪽, 윤조원 옮김, 2025, 문학동네

정당화하면서 세상을 바로잡는 일이라고 믿는다. 그 믿음은 누가 인간이고 누가 인간이 아닌 것인지를 판가름하는 권력 작용의 문제다.

    2025년 9월 1일부터 7일까지 '바람직한독서문화를위한 시민연대'는 금서읽기주간 캠페인을 벌인다고 밝혔다. 벌써 11회째 이어지는 행사다. 시민연대는 성평등, 성교육 도서를 함께 읽고 토론하고 각종 행사를 열 계획이라며 금서로 낙인찍힌 책들을 구입하거나 대출해서 읽어보자고 제안했다. 캠페인 캐치플레이즈는 "누구나 어디서나 무엇이든 읽을 권리가 있다"는 것이었다.

    특정한 책을 없애려는 권력은 역설적으로 책이 무기가 된다는 것, 책이 가진 힘을 잘 알고 있기 때문에 책을 금지하는 데 적극적이다. 그러나 금지된 책들이 사회적으로 더 큰 힘을 얻게 된다는 것이야말로 금서의 가장 큰 역설일 것이다. 금지한 책들의 향연은 어디서든, 누군가에 의해서든 펼쳐질 것이다. 책을 불태우는 한편 책을 외워버리는 소설 속

레지스탕스처럼, 어딘가엔 꼭 책을 구하는 이들이 있을 테고 이야기는 끊이지 않고 이어질 테니까.

가장 오래된 보호구역

이장모

냉장고 문을 열었는데 김치가 하나도 없다. 스마트폰을 켰는데 이모티콘이 전부 증발했다. 안경집 안에 돋보기가 없다. 하찮은 상황 같지만 난감하다. 할 수 있는 일이 없다. 내겐 김치가, 스마트폰 앱이 그리고 돋보기가 꼭 필요했다. 아이고, 왜 귀한지 모르고 함부로 대했던고…. 하지만 괜찮다. 김치는 가게에 얼마든지 있고, 스마트폰은 다시 설정하면 되고, 돋보기는 머리맡에서 찾았다.

책이 얇아지자 이야기가 두꺼워졌다

아뿔싸! 그런데 세상에 책이 사라졌다. 예상 못한 일은 아니다. 이미 세상은 그렇게 돌아가고 있었으니까. 세상은 점점 더 바빠졌다. 사람들은 시간을 내어 길고 두꺼운 책을 읽을 여유를 잃었다. 처음에는 요약본이 인기를 끌었다. '삼국지 10권 전집' 대신 '삼국지 한눈에 보는 요약집', 다음 단계는 '핵심 문장 모음집'이었다. "이 책의 메시지는 결국

한 문장이다"라며 굵은 글씨로 적힌 슬로건만 소비됐다.

사람들은 다이어트엔 줄곧 실패했지만 책의 다이어트는 성공적이었다. 너무 성공적이라 요요현상은 단 한 번도 관찰되지 않았다. 처음엔 300쪽이던 책이 30쪽, 3쪽으로 줄었고, 마침내 책은 두께 3밀리미터의 카드형 아이템이 되었다. 사람들은 그것을 주머니에 넣고 다녔다.

책이 얇아진 덕에 출판계는 한동안 호황을 맞았다. 아무도 읽지 않지만 모두가 소지품처럼 들고 다녔기 때문이다. 책방 진열대는 도서관이 아니라 편의점 과자 코너를 닮아갔다. 초코파이 옆에 『노인과 바다』, 컵라면 옆에 『데미안』이 놓였다. 이제 책은 먹거리처럼 소비됐다. "오늘은 달달한 『셜록 홈스』 한 봉지, 내일은 얼큰한 『죄와 벌』 컵라면" 같은 광고 카피가 거리를 채웠다.

그러나 곧 문제가 터졌다. 사람들은 너무 얇아진 책에서 만족을 얻지 못했다. 마치 칼로리 제로 음료만 마시다 속이 허해진 느낌이었다. '요약의 요약'을 하다보니 정작 아무 말도 남지 않게 된 것이다.

"이 책의 핵심은?"이라는 질문에 답은 언제나 "삶은 고달프다" 혹은 "사랑은 소중하다" 정도로만 귀결됐다. 모든 책이 비슷한 소리만 하는 세상. 독자들은 지루함을 느꼈다.

결국 책은 종잇조각과 다름없는 존재가 되었다. 누군가는 말한다. "책은 사라진 게 아니라, 너무 얇아져서 안 보이는 거야." 그 말이 일리가 있었다. 도서관에 들어서도 책은 여전히 서가에 있었다. 하지만 옆에서 누군가 재채기를 하면, 책은 바람에 흩날려 사라졌다. 책이 종이비행기처럼 공중을 날다 결국 파편처럼 바닥에 떨어졌다. 도서관 사서는 매일 아침 바닥을 쓸어 담아야 했다.

이런 상황이 지속되자 사람들은 뜻밖의 현상을 경험했다. 책이 줄어든 만큼 이야기를 찾으려는 본능이 커졌다. 사람들은 다시 서로에게 이야기를 해주기 시작했다. 지하철 안에서, 카페 구석에서, 심지어 화장실 줄을 서면서도 이야기를 풀어냈다. 누군가는 옛날처럼 구전 서사가 돌아왔다며 즐거워했다.

책이 사라진 자리에서 오히려 말이 살아난 것이다.

이제 독서모임은 책을 읽는 자리가 아니라, 각자 이야기를 가져와 나누는 장이 되었다. 어떤 이는 꿈에서 본 기묘한 장면을 꺼내 들었고, 또 다른 이는 어린 시절 할머니에게 들은 전래동화를 꺼냈다. 이야기는 다시 두꺼워졌다. 책이 얇아지며 소멸한 자리에서 인간의 목소리가 책의 두께를 대신하게 된 셈이다.

책장이 사라지자 감정의 여백이 커졌다

책이 흔적도 없이 사라지자 세상은 뜻밖의 호황을 맞았다. 도서관이 텅 비고 서점 진열대가 비어버리자 사람들은 곧장 그 자리를 부동산으로 눈여겨보았다. 경제 유튜브에 출연한 평론가는 이렇게 말했다. "책이 사라진 건 비극이 아니라 기회입니다. 이제 우리는 새로운 땅을 얻었습니다!"

도서관 건물은 순식간에 '스마트 오피스텔'로 리모델링되었다. 서가가 있던 공간은 파티션으로

쪼개져 1인 창업자들의 작업실이 되었다. "옛날에는 책을 읽던 자리였죠. 이제는 스타트업 아이디어를 키우는 자리랍니다." 도서관장은 흐뭇하게 웃었다.

가정집의 변화는 더 극적이었다. 단지 책장 자리가 비었을 뿐인데 생각하지 못한 공간이 생겼다. 한쪽 벽에는 러닝머신을 들여놓았다. 사람은 건강해졌다. 반대쪽 벽에는 고양이 놀이터를 설치했다. 고양이들은 신이 났다. 책이 차지하던 공간이 사라지자 사람도 고양이도 마음껏 달리고 뛰어다녔다. 책이 사라지자 사람과 고양이가 건강해졌다. 하지만 이건 건강한 사람들의 이야기일 뿐.

대부분의 사람에게 빈 공간의 열풍은 부작용으로 돌아왔다. 사람들은 그 공간을 채우기 위해 무언가를 끊임없이 사들였다. 장식품, 전자기기, 인테리어 가구…. 그러나 아무리 물건을 들여놔도 책이 풍기던 특유의 '차분한 무게감'은 돌아오지 않았다. 무거운 책장이 사라지자 마음이 어수선해졌다.

사람들은 눈치채기 시작했다. 책이 차지하던

공간은 단순한 물리적 공간이 아니라, 마음속
쉼터였다는 것을. 책장이 벽에 붙어 있을 때, 그 안에
가득한 문장은 보이지 않아도 일종의 방음벽처럼
작동해 세상을 잠시 가라앉혀주었던 것이다.

결국 사람들은 다시 빈 공간을 바라보며 상상했다.
"책이 돌아온다면, 이 자리는 다시 그걸로 채우고
싶다." 아이러니하게도 책이 사라지자 근육은
풍성해지고 부동산은 활황을 맞이했지만, 동시에 책을
그리워하는 감정의 여백이 커졌다. 공간은 비었지만
그 빈자리가 사람들의 마음을 가득 채우기 시작했다.

반골들이 남긴 최종 보고서

어느 나라 어느 시대나 반골들은 있는 법.
책이 사라지는 시대에 굳이 책이 사라지는 과정을
연구한 논문을 남겼다. 물론 그들은 시대를
거스르지는 못했다. 책의 시대라면 6000자는
족히 필요했을 논문도 1000자면 충분했다.

「책冊이라는 종種의 소멸 과정에 대한
 생태학적 고찰」

1. 서론

책은 인류 문명에서 약 2000년 동안 지배적인 위치를 차지해온 지식 매개체였다. 그러나 최근 관찰에 따르면, 책이라는 종種은 빠른 속도로 개체 수가 줄어들고 있다. 과거에는 가정마다 수십에서 수천 권의 서적이 군락을 이루었으나, 현재는 일부 학술 기관과 골동품 수집가의 서가에서만 희귀하게 발견된다. 본 보고서는 책이 멸종한 과정을 '생태계 붕괴 모델'을 통해 설명한다.

2. 서식지 파괴

책은 원래 '서가'라는 특정 서식지에서 무리를 이루며 자랐다. 그러나 디지털 기기의 급격한 확산으로 서가는 점점 사라졌다. 이는 마치 열대우림이 잘려나가면서 오랑우탄이 설 자리를

가장
오래된
보호구역

잃는 상황과 유사하다. 서가의 파괴는 책의
번식률에 직접적인 타격을 주었고, 서식지 단절은
개체군의 고립을 낳았다.

3. 보존된 숙주와 교체된 기생체

책은 독자를 숙주로 삼는다. 그러나 숙주가 점점
더 희귀해졌다. SNS와 스트리밍 영상이라는 경쟁
기생체가 등장했기 때문이다. 독서라는 행위는
점점 비효율적인 에너지 소비로 여겨졌고, 책은
굶주림에 시달리게 되었다. 하지만 기생체들을
중심으로 한 생태계 자체가 사라진 것은 아니었다.
사람이라는 숙주는 여전히 존재했기 때문이다.
생태계에서 책이 차지하던 니치 niche(틈새)는
'카드'와 '영상 콘텐츠'로 채워졌다.

4. 멸종위기 아종

책 가운데에서도 특히 취약한 아종들이 먼저
사라졌다. 인문학 책은 번식력이 낮아 가장 먼저

멸종했다. 독자의 사랑을 받지만 개체 수가 적었던 시집은 북극 이끼류처럼 환경 변화에 쉽게 무너졌다. 그 이전에도 대중의 관심을 받기 어려워 좋은 자리가 아니라 어둡고 깊은 곳에 자리잡던 과학책은 그나마 운이 좋았다. 대멸종기에도 살아남던 심해생물처럼 손이 닿기 어려운 곳에 살아남았다.

5. 인간 사회의 반응

흥미롭게도 인간은 책이 사라진 후에야 그것의 생태적 가치를 깨달았다. 책이 존재할 때는 무겁다고 불평하던 사람들이, 책이 없자 "책 냄새가 그립다" "책장 넘기는 소리가 들리지 않는다"라며 안타까워했다. 자연사박물관이 멸종 동물의 박제를 전시하듯, 박물관들은 책의 박제를 전시했다. 일부 부유한 사람들은 가짜 '책 표본'을 집에 전시하며 지금은 사라진 인문학적 교양을 과시하기도 했다.

6. 결론

책의 멸종은 단순한 매체의 교체가 아니다.
이는 인류 기억의 생태계가 무너지는 현상이다.
보고서는 마지막으로 이렇게 권고한다. "책을
보존하려면 특별 보호구역을 지정해야 한다.
최소한 하루 30분은 책을 읽도록 의무화해야
한다." 이 권고는 실제로는 실행되지 않겠지만,
책이라는 종을 향한 인간의 뒤늦은 애정
고백만큼은 기록으로 남긴다.

여전히 이야기하는 동물

책이 사라지자 인류 문명은 더 이상 발전하지 않았다.
여전히 경제를 향유했지만 단 한 발자국도 앞으로
나가지 못했다. 새로운 것이 나타나도 거기에 주목하지
않았다. 관심의 확장이 멈췄다. 그에 맞춰 개체수도
서서히 줄어들었다. 한때 그들은 100억 명에 달했다.
그 어떤 공룡, 그 어떤 고래보다도 많은 생물량을

자랑했다. 그 작고 느려터진 몸으로, 변변치 못한 이빨과 발톱으로 지구를 지배하던 종은 책이라는 섬유질 기록 수단을 스스로 포기하더니 스스로 생태계에 자연스럽게 스며들었다. 10억 명. 딱 지구 생태계가 부담 없이 수용할 수 있는 생물량이다.

　머나먼 별에서 온 외계인들이 지구에 도착했을 때 지구인들은 그들에게 관심을 두지 않았다. 외계인들은 지구인과 대화하는 대신 기록 보관소를 찾았다. "인간은 이 행성을 한때 위기에 빠트릴 정도로 번성한 문명을 이루었던 지적 생명체였으니 분명 무언가를 남겼을 것이다." 외계 과학자들은 엄청난 스캐너를 들고 도시를 뒤졌지만 서가를 발견할 수 없었다. 책이란 개체가 사라진 지 이미 오래였기 때문이다. 그들은 잠시 혼란에 빠졌다. "이 행성에 지성은 존재하지 않았던 걸까?"

　한 외계인이 말랑말랑한 기록 매체를 발견했다. 그것은 다름 아닌 단단한 두개골 속에 담긴 인간 두뇌였다. 사람들의 뇌 속에는 여전히 이야기가 남아 있었다. 외계 과학자들은 인간의 뇌를 열람하기 시작했다. 그러자 예상치 못한 결과가 나왔다. 뇌마다 같은 이야기를 다르게 기억하고 있었던 것이다. 어떤 사람의 뇌 속 『홍길동전』은 슈퍼히어로 영화로 재구성돼 있었고, 다른 사람의 『데미안』은 연애 상담서로 바뀌어 있었다.

외계 과학자들은 당황했다. "공식 교과서를 찾을 수가 없다. 지구인들의 기억은 매일 업데이트 된다!" 외계인들은 결국 매일 아침 뉴스처럼 '공식 판본'을 갱신하는 제도를 만들었다. 아침마다 전 세계 사람들이 모여 어제 기억한 이야기들을 취합하고, 그중 다수가 동의한 버전을 그날의 '정사正史'로 선포했다. 그 결과 역사 교과서는 하루 단위로 내용이 달라졌다. "어제는 콜럼버스가 아메리카를 발견했지만, 오늘은 그냥 바다에서 표류하다 끝났습니다."

이 과정은 의외로 활기를 불러왔다. 지루한 교과서 대신 매일 아침 사람들이 자신의 기억을 들고 나와 토론을 벌였다. 누구는 "셰익스피어는 내 이웃집

아저씨였어!"라 주장했고, 또 다른 이는 "아니, 그는 고양이였다!"라고 우겼다. 진실 여부는 중요하지 않았다. 중요한 건 그날의 합의였다. 덕분에 사람들은 더 많이 웃고 더 자주 말하게 되었다.

책이 사라진 자리에 새로운 '기억 민주주의'가 자리 잡은 셈이다. 외계 과학자들은 처음엔 황당해했지만 곧 매력을 느꼈다. "기록은 매번 달라지지만, 그 불안정성 속에 오히려 생명력이 살아 있군." 결국 그들은 연구를 마치며 이렇게 보고했다. "지구인은 책을 잃었으나 대신 끝없는 상상력을 얻었다."

이후 외계인들은 지구 문명을 이렇게 분류했다. 책의 시대 Book Era와 기억의 시대 Memory Era. 그들의 기록에는 한 줄 덧붙여져 있었다.

"책은 사라졌지만 이야기만큼은 사라지지 않았다. 지구인은 여전히 이야기하는 동물이다."

김치, 이모티콘, 돋보기. 모두 없어지면 비로소 그 귀함을 알게 되는 것들이다. 책도 마찬가지다.

오늘도 묵묵히 벽을 차지하고 있는 책장이야말로 인간 사회가 스스로에게 허락한 가장 오래된 보호구역이다. 그 자리를 채울지 비울지는 결국 우리의 선택이다.

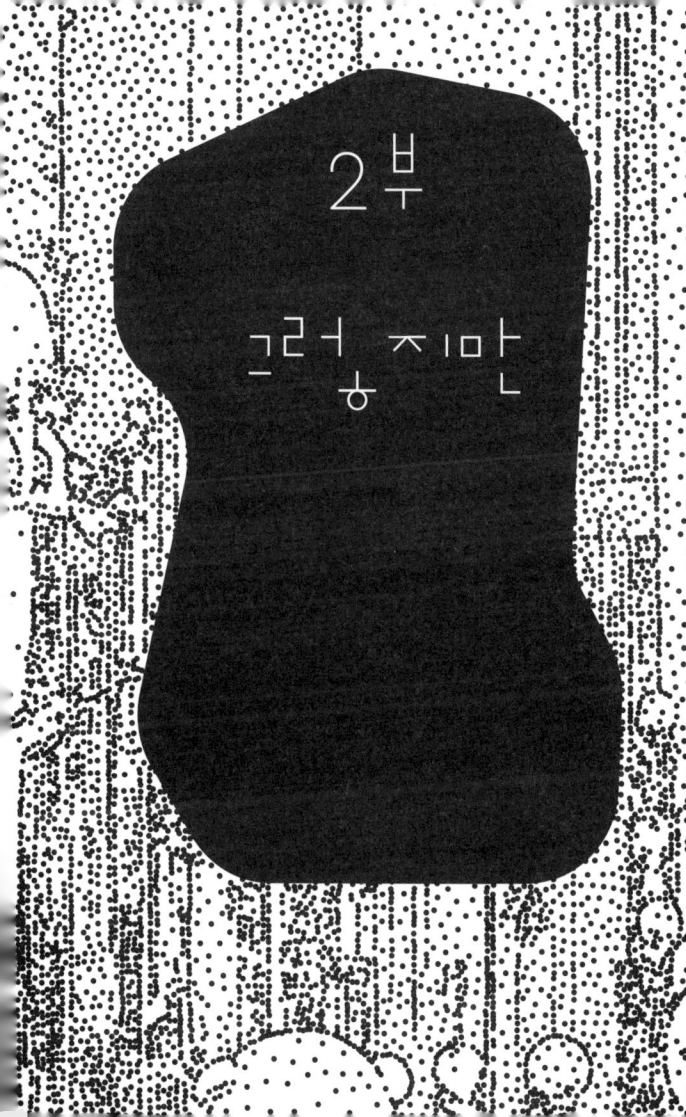

세상의 카프카들에게
내리는 비

고영섭

1

책이 없는 세상은 책이 보이지 않는 세상이다. 책이 보이지 않으면 책은 없다. 세상에 책이 없었던 적은 없다. 세상은 책으로 가득 차 있다. 사람이 책을 알아보지 못할 뿐이다. 책을 알아보지 못하면 책은 없다. 세상은 빛으로 가득 차 있지만, 빛을 보지 못하면 빛이 없는 것과 다를 것이 없다. 책을 알아보지 못한다는 것은 책을 읽어야 할 것으로 알지 못한다는 것이다. 그럴 때 책은 어디나 있되 침묵하는 사물처럼 홀로 있다. 책은 돌담의 돌처럼 박혀 입을 열지 않는다. 입을 열지 않는 책은 풍경이고 스쳐 지나가는 대상일 뿐이다. 풍경이 된 책은 잠든 책이다. 책은 누군가 읽어줄 때만 책이 된다.

　책을 읽는다는 것은 책의 처지에서 보면 책이 오랜 잠에서 기지개를 켜고 깨어난다는 것이다. 책의 깨어남은 책 속의 문자가 입을 열고 말을 하기 시작함이다. 문자가 말을 하려면 책 읽는 이가 문자를 불러내야 한다. 문자를 불러내지 않으면 문자는 몸을 둘둘 말고 웅크려 일어나지 않는다. 책은 불러야 깨어난다. 어떤 문자는 낮은 부름에도 눈을 뜬다. 아주 사소한 목소리도 문자를 깨울 수 있다. 무겁게 잠들어 있어 웬만한 목소리에는 꿈쩍도 하지 않는 문자도 있다. 마음을 다해 큰 소리로 불러야만 몸을 뒤척이는 문자도 있다. 너무 깊이 박혀 있어 도무지 깨어날 수 없을 것만 같은 문자가 눈을 뜨고 몸을 일으킨다.

그러므로 불러내는 소리가 없으면 세상엔 책이 있되 책이 없을 것이다. 불러내는 소리가 작으면 책은 드문드문 있을 것이다. 불러내는 소리가 크면 책은 많아질 것이고, 아주 크면 아주 많아질 것이다. 눈길 주는 곳마다 손길 닿는 곳마다 책은 있을 것이다. 책을 부르는 소리에 여기저기서 책들이 대답하는 소리로 소란스러울 것이다. 이른 아침의 배고픈 새들처럼 책들은 지저귈 것이다. 책들이 노래하고 날개를 푸드덕거리고 시샘하듯 서로 소리를 높일 것이다. 먼 나뭇가지의 새들을 불러 무리를 이루고 도요새처럼 군무를 추기도 할 것이다. 책들이 내는 소리는 달아나는 소리를 뒤쫓는 푸가처럼, 칸타타처럼 퍼질 것이다. 노래가 노래를 불러 노래의 숲이 될 것이다.

　새들이 먹이를 놓고 다투듯 책들끼리 깃을 곤두세우기도 할 것이다. 땅 위의 책들이 머리를 박고 풀씨를 쪼는 동안 멀리 하늘 위에서 때를 기다리는 책도 있을 것이다. 천천히 원을 그리며 돌다 공기를 가르며 내려와 물정 모르는 책을 잡아채 가기도 할 것이다. 사나운 발톱에 찍힌 책은 맥없이 고개를 꺾을 것이다. 깃털이 뽑히듯 낱장이 뜯겨 날아갈 것이다. 책은 책의 표지와 내지를 뜯어먹으며 맹금의 본능을 달랠 것이다. 살점 같은 문장, 힘줄 같은 문장, 연골 같은 문장도 함께 삼킬 것이다. 책들은 책들과 노래만 하는 것이 아니다. 책들은 책들과 싸운다. 어떤 책은 어떤 책을 잡아먹는다. 순한 책도 있지만 독한 책도 있다. 책장마다 독이 묻혀 있어 혀에 독이 닿으면 숨이 가빠오고 피가 얼어붙는 책들도 있다. 드물지만 독이 약이 되기도 한다. 독을 이겨내면 강해진다. 그럴 때 독이 든 책은 좋은 책이 된다.

책이 내는 소리를 들으려면 책을 깨워 불러내야
한다. 어떤 책은 눈길만 줘도 깨어난다. 속삭이는
소리에 놀라 벌떡 일어나는 책도 있다. 어떤 책은 아주
많은 비밀을 간직하고 있어 힘을 다해 부르지 않으면
일어나지 않는다. 혼이 살아 있는 어떤 책은 몸이 죽은
듯이 보인다. 그런 책은 표지를 관으로 삼아 주검같이
누워 깨어나지 않는다. 표지를 돌문처럼 닫아걸고
지하의 어둠 속에 오래 잠든 책들이 있다. 그런 책은
너무 오래 버려져 부스러지기 직전의 미라를 닮았다.
먼지에 덮여 책인지 아닌지 알아보기 어려운 책들이
있다. 그러나 일단 깨어나면 미라가 입을 열고 말하기
시작한다. 처음엔 느리게 한마디씩 말을 뱉는다. 미라의
말은 알아듣기 힘들다. 웅얼거리는 것 같고 혼잣말하는
것 같다. 그러다 말이 들리기 시작한다. 헛소리처럼
흩어지던 말이 머릿속에 들어와 박히기 시작한다.
그러면 말은 빨라지고 길어지고 높아진다. 말에 놀라
물러서지 않는 한, 미라는 멈추지 않고 말한다. 속도가
붙은 말은 어느 순간 포효한다. 꺼진 줄 알았던 불씨가

타올라 커다란 불꽃이 된다. 불꽃은 하늘을 덮고
폭포가 돼 떨어진다. 불꽃의 폭포는 뜨겁고 또 차갑다.
그 폭포 너머로 이제껏 보지 못한 세계가 열린다.

    2

젊은 날 데카르트는 책 읽기에 싫증이 나자 책을 덮고
책 밖으로 나갔다. 책 밖으로 나가는 길은 책 안으로
들어가는 길이었다. 세상이 책이었다. 세상이라는
커다란 책 속에서 전쟁이 일어나 총성과 포성이 그칠 줄
몰랐다. 형제가 반목하고 친구가 적이 되고 이웃이 상종
못 할 원수가 됐다. 새 신앙과 옛 신앙의 싸움이 들판과
도시를 휩쓸었다. 저마다 싸워야 할 이유가 분명했지만,
데카르트의 눈에 분명한 것은 아무것도 없었다.
스물두 살 청년은 세상이라는 극장의 관객이 돼 무대
위에서 벌어지는 피비린내 나는 드라마를 관람했다.
두려운 마음을 누르고 차가운 눈으로 유혈극을 보면서
생각했다. 세상을 불구덩이로 만든 불화와 원한을
쓸어낼 길은 없을까.

깃발 아래 모인 사람들이 저마다 지혜의 책을 방패로 무기로 내걸고 싸웠다. 어느 깃발을 든 사람이든 자기들 편에 진리가 강림해 있다고 믿었다. 진리가 자기와 함께 있으니 무서울 것이 없었다. 무서울 게 없으니 목숨을 던져 싸웠다. 한번 싸움이 나면 주검이 들을 덮고 핏물이 내를 이뤘다. 사람의 총이 사람의 총과 싸우는 것이 아니라 진리의 책이 진리의 책과 싸우는 꼴이었다. 책과 책의 전쟁이었다. 세상에 책이 너무 많고 진리가 너무나 많았다. 진리는 힘이 세고 진리는 무적이고 진리는 죽음도 이긴다. 진리가 내는 소리가 총성이 돼 하늘을 치고 포성이 돼 땅을 울렸다. 진리의 포탄이 진리를 참칭하는 비진리를, 악마의 혀를 응징했다. 이렇게 잔혹한 진리도 진리인가.

데카르트는 길 잃은 나그네가 되어 어두운 숲속을 헤매었다. 지옥문 앞의 단테가 이런 심정이었을까. 아무리 걸어도 빛이 보이지 않았다. 영원한 미아가 될 것만 같은 두려움 속에서 데카르트는 등불 같은 믿음 하나를 붙들었다. 진리를 전해준다는 지혜의 책들 가운데 믿을 것은 하나도 없다! 그 믿음, 아니 그 단호한 불신을 품고 데카르트는 검은 숲을 더듬어 나아갔다. 멀리서 빛이 보였다. 마음속 어두운 곳에 불이 켜졌다. 세상에 믿을 건 하나도 없지만, 이렇게 믿지 못하는 이 마음, 이 불신으로 가득 찬 이 마음의 살아 있음은 부정할 수 없다. 끝없는 의심으로 쉴 줄 모르는 이 의심하는 나의 살아 있음만큼은 부인할 길이 없다. 온갖 불확실한 의혹 덩어리 한가운데 도저히 의심할 수 없는 것, 뿌리가 깊이 박혀 흔들 수 없는 것이 의심 많은 남자의 손에 잡혔다. 생각하는 나의 살아 있음. 이제 이 확실한 것을 붙들면, 그것을 주춧돌로 삼으면, 세상이라는 건물을 다시 세울 수 있다. 그러면 건물은 흔들리지 않을 것이고, 총성과 포성은 멈추고 불화도 끝날 것이다. 형제는 돌아올 것이고 이웃은 다시 이웃이 될 것이다.

    데카르트는 깨달음을 서둘러 기록했다. 기록을 마친 데카르트는 겉장에 '올바른 생각으로 이끄는 책'이라고 제목을 적었다, 데카르트의 책은 얇았고 어려운 말이라고는 하나도 없었지만, 표지 아래 잠긴 생각은 깊었다. 데카르트의 책은 새 시대로 가는 문이었다. 문이 열리고 눈부시게 빛이 들어오자 지혜롭다고 칭송받던 옛 책들이 빛을 잃었다. 신의 목소리로 쓰인 진리의 책들에서 신이 떠났다. 데카르트의 책은 신이 없는 세계의 길을 열었다. 인류가 짐승의 삶을 떠난 뒤로 한 번도 경험해본 적이 없는 세계였다. 데카르트의 책은 추종자들의 환호 속에 진리의 책이 되었고 데카르트의 진리는 새로운 신이 되었다. 신이 물러난 자리에 신 같지 않은 신이 들어섰다. 사람 말을 들어줄 줄 모르고 사람과 함께 놀 줄 모르는 매가리 없는 신이었다.

    열네 살 니체가 쓴 첫 책은 자서전이었다. 태어나 살아온 그때까지 삶을 조숙한 소년의 필체로 또박또박 썼다. 쓰기가 끝나 한 권의 책이 되는 것을 보면서 어린 니체는 기쁨에 떨었다. 이런 책을 여러 권 쓸 수 있다면 얼마나 좋을까. 스물한 살 대학생 니체는 고서점에서 낡은 책 한 권을 발견했다. 의지와 표상의 세계.

하숙집에 가져와 밤을 새워 읽고 황홀한 두려움의 소용돌이에 빠져들었다. 니체는 그 책의 마성 같은 힘에 오래 사로잡혔다. 마흔네 살 니체가 마지막에 쓴 책도 자서전이었다. 에케 호모 Ecce Homo(이 사람을 보라). 책 속의 니체는 말했다. 나는 왜 이렇게 좋은 책을 쓰는가. 자서전에서 시작해 자서전으로 끝난 것이 니체의 삶이었다. 니체에게 세계는 거대한 혼돈이었다. 카오스의 대양에 폭풍이 치고 파도가 일었다. 핏기없는 신은 데카르트의 책 속에서 헐떡이다 죽어버렸다. 데카르트가 불러들인 새 신은 거짓 신, 도금한 우상이었다. 데카르트가 붙든 진리도 진리를 닮은 주문에 지나지 않았다.

  니체는 대양의 물마루 위로 앎의 배를 띄웠다. 니체는 무모한 선장이 돼 파도를 갈라치며 나아갔다. 모비 딕을 찾는 미친 에이허브처럼 검푸른 바다를 달렸다. 광란하는 바다는 니체의 광란하는 마음이었다. 그 마음 한가운데서 니체는 비밀을, 깊고 어두운 비밀을 들여다보았다. 거기에 디오니소스가 있었다. 사지가 갈기갈기 찢겨 죽어도 번번이 다시 살아나는 신, 아무리 괴로워도 다시 시작하고 거듭 새로이 시작하는 불사의 신. 디오니소스는 삶을 창조하고 진리를 창조하는 신이었다. 니체는 옛 페르시아의 현자를 불러내 책을 썼다. '차라투스트라'는 모든 이에게 주는 책이자 아무에게도 주지 않는 책이었다. 차라투스트라야말로 광기 속에 삶을 창조하는 디오니소스의 사제였다. 니체는 책을 씀으로써 자신의 신이 실존함을 입증했다. 책이 죽어가는 니체를 살렸다. 책 속으로 들어가 책 속에 머물러 책을 씀으로써 자기를 끌어올리는 것이 니체의 일생이었다.

대학생 카프카는 친구에게 편지를 썼다. 한 권의 책이 우리의 얼어붙은 정신의 얼음장을 깨뜨리는 도끼가 아니라면 도대체 책이란 게 무슨 소용이 있겠는가. 카프카는 책의 도끼가 한겨울 빙판 같은 마음을 강타하기를 바랐다. 그렇게 내리친다고 해서 쉽게 깨질 마음이 아니었다. 카프카는 깨지지 않는 마음을 책 속에 담았다. 문장과 문장을 이어 마음의

지도를 그리고 골목과 골목을 돌아 길을 냈다. 아무리
걸어도 길은 끝나지 않았다. 길은 길을 닮은 미로였다.
들어가려는 마음은 입구를 찾지 못하고 나오려는
마음은 출구를 찾지 못했다. 마음이 마음 안에서
한세월 맴을 돌았다. 세상은 마지막 챕터를 잃어버린
찢어진 책이었다. 길이 끊겨졌다.

    카프카는 약혼녀에게 길 없는 마음을 편지로
썼다. 편지는 쌓이고 쌓여 두꺼운 책 한 권이 됐다. 그
마음이 갈피를 잡지 못해 약혼을 물리고 다시 혼약하고
또다시 약속을 저버렸다. 마음이 마음을 고문하는 동안
카프카의 몸은 말라 뼈만 남았다. 읽은 책도 쓴 책도 언
마음을 깨뜨리지 못했다. 프라하의 옛 도시가 카프카를
가두었듯이 책이 카프카를 가두었다. 문자의 감옥은
책이라는 신을 믿은 독실한, 부실한 수도사를 놓아주지
않았다. 책은 얼음장을 깨뜨려 정신을 해방하지만,
어떤 정신은 책의 제물이 돼 책 속에 갇혀 죽는다.
제 몸을 십자가에 매달고 카프카는 책과 문자와
문학을 숭배하는 사람들의 성인, 후광도 없고 영광도

101

없는 성인이 됐다. 니체가 광기의 십자가에 못 박혀
디오니소스의 성인으로 다시 태어났듯이, 카프카는 책
속에서 죽어 책과 함께 다시 태어났다. 니체 말대로
어떤 사람은 죽은 뒤에야 태어나 자신의 삶을 산다.
책의 몸을 빌려 영생을 산다. 책 속에서 어떤 정신은
영원히 죽지 않는 신이 된다.

3

세상은 헤아릴 수 없이 많은 장과 절을 거느린 두꺼운
책이고 사람 각자도 자기 안에 무수한 문장과 낱말을
품은 책이다. 누가 읽느냐, 어떻게 읽느냐에 따라 책은
저를 번번이 다르게 드러낸다. 표면을 읽으면 표면을
드러내고 내면을 읽으면 내면을 드러낸다. 깊이 읽으면
깊은 곳을 드러내고 더 깊이 읽으면 더 깊은 곳을
드러낸다. 어떤 프랑스 철학자는 텍스트 바깥은 없다고
했는데, 텍스트가 책이라면 책 말고는 없다는 뜻이리라.
우리는 책 속에서 태어나 책 속에서 살다가 책 속에서
죽는다. 책을 떠날 길이 없다. 그러나 부르지 않으면

책은 대답하지 않는다. 부르면서 응시하지 않으면, 기다리지 않으면, 책 속의 문자는 제 진심을 드러내지 않는다.

문자의 진심이 말을 할 때, 그때가 우리 안에서 불이 켜지는 때다. 그 불이 어느 순간 갑자기 밝아져 우리 눈이 빛으로 가득 찰 때가 있다. 그 순간이 아름다움의 극한을 보는 순간이다. 그 순간이 진리가 우리 안으로 들어오는 순간이다. 괴로운 시간을 견뎌온 세상의 카프카들에게 내리는 은총의 빛이 빛나는 순간이다. 빛이 있으라 하니 빛이 생겼다. 이 오래된 말은 우리가 책을 통로로 삼아 우리에게 하는 말이다. 책 속의 문장은 빛이 전류처럼 흐르는 전선이다. 어떤 문장은 전압이 높아 그 문장 어디에선가 마음의 필라멘트가 타고 빛이 번쩍인다.

읽지 않으면 책은 없다. 읽지 않으면 세상도 없고 사람도 없다. 읽지 않으면 나 자신도 없다. 책이 없는 세상은 내가 없는 세상이기에, 그런 세상은 세상이 아니기에 우리는 읽는다. 이 세상이 의미로 가득 찬

세상이기를, 소나기 지나간 맑은 하늘 같은 세상이기를
바라기에 우리는 읽는다. 할 수 있는 한 넓고 깊게
읽는다. 꽃술을 바느질하는 손처럼 세심하게, 눈 덮인
안나푸르나를 오르는 발처럼 용감하게 읽는다.

거ㅊㅇ ㅈㅇㅣ ㅈㅏㄴ ㄴㄱㅇㄱㅏ
ㄴㅈㄱㄹ   ㄱㄴ   ㄴ   ㅜㅜ   ㄴ

_____

ㅂㅏ
ㄱㅜ
 ㅇ

20세기 말, 독일 유학 시절이다. 연구에 필요한 책은 대부분 구매하기 어려웠다. 우선 가격이 만만치 않았다. 더구나 오래된 고전은 절판된 경우가 많았다. 나는 시간이 날 때마다 도서관에서 고전들을 복사했다. 복사한 것을 집으로 가져와 서툰 솜씨로 제본했다. 이처럼 복사·제본한 묶음도 책인가?

    책이란 무엇인가? 어떤 것이 책일 가능성을 결정하는 조건은 무엇인가? 일정한 양의 시각 이미지 데이터나 문자언어 데이터를 물리적 기록매체나 디지털 기록매체에 담은 것이 책이다. 책은 데이터와 기록매체가 합쳐진 사물이자 사건이다. 책은 그래서 정신적이면서 동시에 물질적이다.

    '책册'은 대나무 조각을 끈으로 묶은 모양을 딴 상형문자다. 책다운 책이 만들어진 것은 적어도 동양에서는 비단이나 종이를 기록매체로 사용하기 이전부터라고 추론할 수 있다. 대나무나 나무 조각으로 책을 만들어서 데이터를 유통할 만큼 권력의 구조와 체계가 커진 것이다.

권력은 데이터를 공유하는 지점까지만 작용한다. 데이터가 다르면 권력도 다르다. 데이터가 권력을 만들고 권력이 데이터를 만든다. 모든 권력은 데이터의 유통 범위를 통제하면서 동시에 확장하고 싶어 한다. 통제 가능한 한 최대로 데이터의 유통 범위를 확장하는 것은 권력의 의지이자 권력에의 의지다.

책은 권력이 데이터의 유통 범위를 확장하기 위해 개발한 도구다. 책을 생산할 수 있는 권력은 권력의 정당성을 체계적으로 구성할 수 있는 능력이 갖춰졌을 때 비로소 등장한다. 이 맥락에서 문자 데이터를 생산하고 유통할 수 있는 권력의 생성과 함께 책도 만들어졌다고 추정할 수 있다. 책다운 책을 만든 가장 오래된 권력은 문자언어를 사용하기 시작한 수메르인의 메소포타미아 문명이다.

지금까지 발견한, 가장 오래된 책은 기원전 2100~기원전 2050년경 수메르어로 점토판에 기록한 '우르남무 법전Ur-Nammu Code'이다. 함무라비 법전Hammurabi Code보다 300년가량 앞서 제정한 법전이 새겨진 이 점토판보다 더 앞선 책을 언젠가 발견할 수도 있다. 만약 이들 법전처럼 국가 체계에 관한 데이터를 품고 있는 더 오래된 책을 발견한다면 우리는 더 이상 메소포타미아를 인류 최초의 문명이라고 말할 수 없을 것이다. 책은 그만큼 거대한 도시 문명의 제국 권력과 동시에 태어난 것이다.

   책은 지식이면서 권력이자 동시에 이 둘을 연결하는 매체로 탄생했다. 인간이 이미지 데이터나 소리 언어로 소통하던 시절에 책은 없었다. 시각 이미지 데이터를 기반으로 구축한 권력은 동굴의 벽이나 인간의 신체를 매개로 이미지를 생산하고 유통했다. 동굴의 벽이나 인간의 신체가 책이었던 셈이다. 이때 현실을 초과하는 가상 이미지를 생산하고 유통하는 사람이 지식과 권력을 독점했을 것으로 추정한다.

   문자언어가 만들어지기 이전의 음성언어가 언제 어떻게 탄생했고 유포되었는지 알 수 없다. 소리는 빛만큼 빨리 사라지기 때문이다. 사라지는 소리를 품고 있는 기계를 발명하기 전까지 음성언어를 소리가 들리지 않는 곳까지 전달할 수 있는 매체는 없었다. 동굴 벽이나 바위를 시각 이미지 언어의 책으로 만들 수는 있었지만, 청각 이미지나 소리 언어를 책으로 만들 수는 없었다. 음성언어로 형성한 지식과 권력이 어떻게 작동했는지도 알 수 없다.

 음성언어로 지식을 전달하고 전승하던 권력이 작동할 수 있는 공간의 범위는 넓지 않았을 것이다. 음성언어 권력의 좁은 작동 범위는 거꾸로 그 권력이 미치는 범위 안에서는 개개인들에게 깊게 파고들었을 것이라고 짐작할 수 있다. 더구나 음성언어 권력은 권력자의 소리를 듣는 사람을 하나로 묶는다.

 같은 공간에서 같은 사물을 바라보는 사람은 각자 다른 시각 이미지 자료를 수집한다. 시각 이미지는 각기 다른 관점, 곧 나만의 주체성을 생산한다. 반면 같은 공간에 있는 사람들은 같은 소리를 듣고 같은 자료를 수집한다. 청각 이미지가 공동체 정신을 생산하는 까닭이다. 소리 이미지를 벗어나 일정한 체계를 갖춘 언어로 발전한 음성언어는 그것의 발신자와 수신자 사이의 가장 내밀한 관계를 형성하게 만들면서 동시에 수신자들을 하나의 공동체로 묶는 강력한 힘을 가진다.

음성언어는 청각 이미지이면서 동시에 소리로 의사소통하는 언어다. 발화되는 순간 사라지는 음성언어는 다른 사람이 복제하거나 대체하기 어렵다. 음성언어의 발화는 유일무이하고 그 때문에 신성하다. 공자, 부처, 예수, 소크라테스의 발화를 그 제자들은 음성언어의 복제 불가능한 원본성과 대체 불가능한 유일무이성으로 신성화한다. '이들의 말이 틀릴 수 없다(무오류성)'라는 신성을 부여할 수 있는 것은 그들 스스로 문자언어를 사용하지 않아서 가능할 수도 있다. 시청각 이미지로 소통하던 시절과 문자언어로 소통하던 시절 사이에 형성된 음성언어의 세계는 영원히 추적 불가능해서 저들의 신성도 영원하리라 예측할 수 있다.

오늘날 대부분의 사람이 생각하는 책은 문자언어의 탄생과 함께 만들어진 것으로 보아야 한다. 책의 관점에서 볼 때 문자언어는 시청각 이미지 언어나 음성언어와 엄청난 차이가 있다. 무엇보다 먼저 유통하고 소통할 수 있는 정보의 양과 질에서 비교할 수 없이 큰 차이가 있다. 권력이 이미지 언어와 음성언어에서 문자언어로 빠르게 이동한 이유다. 문자언어로 지식과 정보를 유통하는 권력은 무엇보다 시청각 이미지 언어로 유통하던 권력을 통합하고 규율하고 통치했다.

문자언어는 시청각 이미지 언어보다 논리적이고 이성적이며 규범적이고 체계적이다. 거꾸로 이미지 언어는 문자언어보다 신화적이고 감성적이며 직관적이며 산발적이다. 이미지 언어로 구축한 지식은 문자언어 권력에 의해 신화, 주술, 마법으로 추락한다. 반면 문자언어는 지식, 학문, 계몽을 대변한다. 요한복음의 첫 문장은 이미지 언어에서 문자언어로 지식과 권력의 주체가 이동하는 것을 잘 보여준다.

Ἐν ἀρχῇ ἦν ὁ λόγος

헬라어로 엔 아르케Ἐν ἀρχῇ는 '처음에' '태초에'를 뜻한다. 여기서 아르케ἀρχῇ는 고대 그리스의 존재론 철학에서 출발하여 서양 문명 전체를 관통하는 개념으로서 처음, 시작, 뿌리, 근본, 원본, 근원, 시원, 본성을 가리키는 말이다. 엔 호 로고스ἦν ὁ λόγος는 '말이 있다'는 의미다. 여기서 '말'로 옮긴 로고스λόγος의 의미 지평은 넓고 복잡하다.

    고대 그리스에서 로고스는 '세다' '계산하다' '말하다'를 가리키는 동사 레고λέγω의 명사형이다. 고대 그리스 철학자들에게 '말'은 세계의 근본 원리인 아르케에 접근하고, 그 아르케를 전달하는 이성적이고 논리적인 앎을 형성하는 지적인 능력이었다. 더구나 헤라클레이토스의 경우 로고스는 아르케에 관한 생각이나 그것을 표현하는 '말'을 넘어 만물의 원리로서 아르케와 같은 것이 된다.

    헤라클레이토스 이후 서양의 지적 전통에서 로고스는 '말'과 사물, 사유와 존재의 일치를 가리킨다. 기독교에서 신의 '말'은 곧 존재다. '태초에 말이 있었다'는 명제도 이 맥락에서 이해할 수 있다.

'말'이 존재고, 존재가 '말'이다. 그렇다면 이 명제에서 '말'은 음성언어일까, 문자언어일까? 당연히 이 '말'은 그리스도의 '말', 곧 그리스도의 소리이자 음성이다. 소리로서 '말', 음성언어로서 그리스도의 '말'은 사라진다. 앞에서 언급한 것처럼 음성언어의 소리는 발화되는 순간 소멸한다. '말'은 '말'이자 존재로서 현재화presentation 한다.

요한복음서에 써진 '말'은 그리스도의 음성언어를 문자언어로 다시 현재화 한 말, 곧 재현representation한 말이다. 책으로 전달한 요한복음은 그리스도의 '말'을 재현한 '말'일 뿐이다. 재현은 원본과 같아지길 바라지만 결코 같아질 수 없는 복사다. 데리다J. Derrida가 비판했던 '음성중심주의phonocentrism' 패러다임 안에서 보면 책은 이처럼 재현 불가능한 '말'을 재현하는 가상, 오류를 재생산할 수밖에 없는 매체다.

요한복음 명제에서 '말'은 인간의 소리가 아니라 신의 음성이다. 반면 요한복음을 전하는 책, 요한복음서는 신의 음성으로서 '말'을 인간의 문자언어로 바꾼 '말'이다. 신의 음성으로서 말은 이성이고 논리이며, 동시에 존재 그 자체다. 이와 달리 책이라는 매체를 통해 문자언어로 전달된 '말'은 그 '말'을 전달하는 사람들의 지식이고 권력이 된다. 책을 매개로 독점적 지식이자 배타적 권력이 된 '말'은 이미지로 신을 상상하는 것을 금지한다. 우상숭배 금지Bilderverbot는 다른 말로 하면 이미지로 신을 상상하는 것의 금지다.

이미지로 신을 상상하는 종교를 가리켜 샤머니즘, 토테미즘, 애니미즘이라고 한다. 이런 이미지 종교의 관점에서 보면 아르케는 로고스가 아니라 아이콘일 것이다. '태초에 이미지가 있었다Ἐν ἀρχῇ ἦν ἡ εἰκών.' 아마도 아주 오래전에 이미지 종교와 로고스 종교 사이에 큰 싸움이 있었을 것이다. 로고스 종교가 승자가 된 이래로 책은 주로 문자언어를 통해 지식과 권력을 형성하는 주요 매체가 된다.

권력은 지식을 독점적으로 구성하고 형성하여

유통한다. 일정한 교육과정을 요구하는 문자언어 사용 능력은 이 독점적 구성과 유통의 과정에 참여할 수 있는 자격증이다. 이 자격증을 획득할 기회를 가지려면 무엇보다 책을 소유할 수 있는 최소한의 권력이 있어야 했다. 물질로서 책의 소유만이 아니라 그 책을 매개로 전달되는 지식의 소유도 권력이었다. 오랫동안 사람들이 책을 귀하게 여기고 숭배한 까닭이다.

책을 매개로 지식과 권력을 누리던 사람들에겐 고민거리가 있다. 자신들이 지식과 권력의 독점권을 유지하려면 대부분의 사람이 책을 소유할 능력이나 권리가 없어야 한다. 하지만 동시에 책을 소유하지 못한 사람들에게 자기들의 지식과 권력의 효과가 미쳐야 한다. 이 고민을 해결하기 위해 권력자들은 자신들이 소유한 책과는 다른 책을 고안한다.

지식과 권력을 독점한 사람들이 고안한 아주 오래된 하지만 가장 새로운 책이 바로 건축이다. 건축 architecture은 아르케 ἀρχή와 테크네 τέχνη의 결합이다. 요한복음이 아르케를 로고스라고 했다면 건축은 아르케가 테크네, 곧 예술이라고 말하는 것이다. 예술은 로고스 종교가 지배하기 시작한 이후 지배권을 상실한 이미지 언어의 생존형식이다. 특히 예술 중의 예술이라고 할 수 있는 건축은 모든 이미지 언어가 어우러지는 종합예술이다.

로고스 종교는 한편 이미지로 신을 상상하는 것을 금지하면서, 다른 한편 건축이라는 책을 매체로 피지배자들을 교육하려고 시도한다. 책을 소유할 수 없었던 대부분 사람에게 건축이라는 책은 아르케에 접근할 수 있는 유일한 통로였다. 문자언어로 소통할 수 있는 능력과 권력이 없는 사람에게 건축이라는 책은 문자언어의 효과를 발생시키는 예술이었다.

종교 건축은 물론이고 권력자의 건축도 책이 없는 사람이 반드시 읽어야 하는 책이었다. 책으로서 건축에는 최소한의 문자만 있었다. 건축 책은 이미지의 전체집합 universal set이다. 다양한 방식으로 조합된 시각 이미지, 청각 이미지, 후각 이미지, 촉각 이미지 등은 권력 이미지를 만들어냈다. 웅장한 건축은 숭고미를 발산함으로써 권력에 대한 분석이나 비판의 욕망이 스스로 사그라들게 만든다.

　책으로서 건축이 권력자가 의도한 대로 권력 효과를 발생시키는 것은 아니다. 오히려 반대일 수도 있다. 권력 효과는 저항 효과를 동시에 만들어낸다. 건축적 사고는 그 자체가 이미지 사고이기 때문에 논리적 사고를 위협한다. 혁명은 언제나 권력 효과를 파괴하는 건축 불태우기에서 시작한다. 건축으로서의 책은 문자언어의 권력 크기의 상징적 효과를 발휘하지만, 항상 그 권력의 해체 효과를 숨기고 있다.

　빅토르 위고V. Hugo의 『파리의 노트르담』에서 의미심장한 말이 나온다. "이것이 저것을 죽일 것이다Ceci tuera cela." 여기서 '이것'은 인쇄술과 인쇄된 책을 가리키고, '저것'은 노트르담 대성당을 포함한 중세 고딕 건축을 가리킨다. 인쇄된 책으로 인해 건축으로서 책과 그것을 통해서 발휘된 권력의 효과가 붕괴할 것이라는 말이다. "세씨 튀에라 셀라!" 위고의 말처럼 인쇄 책에 의해서 건축 책은 죽었다. 인쇄 책이 나오기 전에 건축 책은 가장 많은 사람이 읽는 책이었다. 건축 책에는 모든 이미지 언어가 만나서 가장 아름답고 가장 숭고한 춤을 춘다. 더구나 건축 책은 자연과 문명의 모든 기억과 기록을 보관하고 있었다. 하지만 누구나 인쇄 책을 소유할 수 있게 된 날부터 건축은 하나의 예술 양식으로 물러난다.

　　인쇄 책은 지식과 권력의 독점을 파괴한다. 처음으로 악보를 책으로 만들어 판매할 수 있었던 베토벤 L. v. Beethoven은 더 이상 귀족만이 아니라 황제에게도 머리를 조아리지 않았다. 인쇄 책에서 이미지 언어는 조금씩 자신의 권리를 키우기 시작했다. 이미지와 문자언어가 함께 어우러진 책은 지식과 권력을 모세혈관처럼 좁은 골목과 실개천까지 미치게 하는 효과를 발휘하기 시작했다. 이 효과를 가장 먼저 선취한 사람은 세종대왕이다. 그는 유교의 가치체계를 담은 『삼강행실도』를 제작·유통함으로써 강력한 통치 체계를 구축했다.

　　이미지와 문자언어가 어우러진 책의 시대, 처음에는

문자언어가 이미지 언어를 압도했다. 이미지 언어는 문자언어를 보완하거나 보충하는 조연일 뿐이었다. 이것이 계몽의 시대다. 하지만 계몽이 강화되면 될수록, 이성과 논리가 더 지배적인 질서를 만들어내면 낼수록 이미지 언어의 힘이 강해진다. 그리고 '지금, 여기' 인공지능 시대에 금지해야 할 우상은 더 이상 이미지가 아니다. 로고스는 이제 신을 상징하는 지위를 상실했다. 니체F. Nietzsche의 "신은 죽었다"는 말은 단순히 신이 사라졌다는 의미가 아니다. 우리가 신을 죽인 것이다. 하지만 우리가 모든 신을 죽인 것은 아니다. 우리가 죽인 신은 로고스 신, 책을 통해서 소리를 전달하던 신이다.

책이 없는 세상, 신이 사라진 세상이다. 지식과 권력을 연결해온 로고스는 이제 힘이 없다. 로고스 책보다 시청각 이미지 파일의 힘이 더 강하다. 이미지가 문자를 죽이고 있다. 혁명 중의 혁명이다. 시청각 이미지만이 아니라 음성언어의 무한 복제와 빠른 유통이 가능해지면서 혁명은 시작되었다. 이미지

언어는 시청각을 넘어 미각, 후각, 촉각의 영역으로 확장될 것이다. 음성언어는 문자언어보다 더 오래, 더 멀리, 더 깊이 교통하고 소통할 것이다. 이미 대세를 장악한 혁명의 깃발을 따라갈 것인가, 아니면 반혁명의 깃발을 높이 들고 역주행 대열에 합류할 것인가? 양자택일이 싫다면 혁명 속에서 살아남는 반혁명을 꿈꾸면 어떨까? 책이 없는 세상 속살 안으로 깊숙이 숨어들어서 책을 쓰는 것이다.

소크라테스와

책 없는 세상

천병은

이 글에서 나는 2400년 전 소크라테스가 바랐던 세상이 '책 없는 세상'이었다는 주장을 펼 생각이다. 더 정확히 말하면 소크라테스는 '책 있는 세상'을 경계했다. 그는 책의 확산이 인간 소통에 초래할 위험을 예감했고, 그것이 우리 일상에서 인간으로서 진정 가치 있는 활동을 대체하거나 위협할 거라고 봤다. 그 활동이란 그가 소중히 여겼던 철학(지혜의 사랑), 즉 서로 삶의 중요한 주제에 관해 묻고 답하는 과정에서 무지를 깨달아 좀 더 나은 인간이 되어가게 만드는 대화였다.

    소크라테스의 알려진 발언에 기대어 나는 책이 인간의 생각을 자신과 분리한 외부화externalize의 첫걸음이었으며, 그것이 근대의 누적적인 지식 권력의 모양을 거쳐 디지털 시대로 접어들면서 온라인 검색에 이어 인공지능AI 시스템의 형태로 진화해 급기야 우리의 사고와 소통을 장악할 상황에 이르렀다고 주장할 것이다. 오늘날 사회에서 사람 간의 대화가 점점 폭과 깊이를 잃어가는 한편 기계와의 채팅이

그 자리를 대신하고, 심지어 사람 간 소통도 기계를
닮아가는 것은 그 전조다. 지금 세상에는 책을 힘의
확장 도구로 보는 지배적 견해와 대화의 도구로 보는
소수 견해가 공존한다. 지금 추세라면 AI가 책까지
대신하는 세상은 시간문제일 것처럼 보인다.
그 '책 없는 세상'은 역설적이게도 소크라테스가
경계했던 '책 있는 세상'의 필연적 귀결일 것이다.

소크라테스는 왜 책을 경계했나

소크라테스도 지금 우리와 같은 매체 혁명기에
살았다. 그때는 말에서 글로 옮겨가는 전환기였다.
소크라테스도 적어도 한때는 책을 많이 읽었던 것
같다. 헤라클레이토스의 저서 『자연에 관하여』를
에우리피데스로부터 선물 받아 읽고서 호평했다는
기록이 있고, 아낙사고라스의 저술에 심취했다가
실망하고는 자기만의 철학의 길을 가게 되었다는
고백도 전한다.

정작 자신은 책을 쓰지 않았다. 그 이유를 짐작할 수 있는 것은 아이러니하게도 제자 플라톤이 쓴 책 덕분이다. 플라톤은 대화편 『파이드로스』에 문자에 대한 소크라테스의 의견을 기록으로 남겼다. 이 대화록에서 소크라테스는 문자 발명에 관한 신화로 자기 생각을 내비친다. 신화 속에서 이집트의 신 테우트는 다양한 문명의 이기를 발명한 것으로 나오는데, 그중에서도 특히 문자를 '기억의 약이자, 지혜의 약'이라며 타무스 왕에게 권한다. 그러자 타무스는 문자는 파르마콘 pharmakon(약이자 독)이라며, 그것이 초래할 해악들을 열거한다. 첫째는 글에 의존하면 기억력이 감퇴한다는 것. 사고 외주화의 위험이다. "기억에 대한 연습을 게을리 함으로써 배운 사람들의 혼에 망각을 줄 거요." 둘째는 자신의 지혜로움을 오인하게 만든다는 것. 안다는 착각의 위험이다. "그것은 배우는 사람에게 지혜로워 보이는 의견을 주지 진상을 주지는 않소. 왜냐하면 그들이 많이 듣게 되면서 가르침이 없어도 많이 아는 것처럼 보이겠지만 대개의 경우 사실은 무지하며 어울리기 어려운 사람이기 때문이오." 셋째는 저자의 뜻이 독자에게 그대로 전달될 거라고 믿는 것. 오독과 곡해의 위험이다. "일단 글로 쓰이면, 모든 이야기는 전혀 격에 맞지 않는 사람들 사이에서나 전문가들 사이에서나 똑같이 아무 데나 돌아다니며, 가리지 않고 다 말할 거요. 게다가 그것이 잘못 곡해되거나 부당하게 욕을 먹게 되어도 스스로 방어할 길은 없다오." 여기에 한 가지가 더 추가된다. 사람의 생각에서 떨어져 나와 글의 형태로 응고된 지식이 독립적인 힘을 행사할 수 있게 된다. 지식의 물신화, 나아가 권력화의 위험이다.

    본래 문자는 권력과 밀접한 관계가 있었다. 정치와 종교 권력의 토대인 법전과 경전을 낳았고, 회계와 행정 문서를 통해 자본주의와 관료국가를 구축했다. 또 과학 기술과 결합해 산업사회를 가능케 했으며, 정보통신기술을 기반으로 인터넷과 인공지능 사회에 이르게 했다. 인간의 지적 생성물이 사물화하기 시작했을 때 인간과는 별개의 '낯선 지능Alien

Intelligence'의 출현은 예견된 일이었다.

플라톤은 왜 책을 썼나

소크라테스의 경고에도 책은 살아남았다. 살아남은 정도가 아니라 인류 문명의 토대가 됐다. 그 토대에 주춧돌을 올린 인물이 그의 제자 플라톤이었다. 플라톤은 저술에 진심이었다. 지금껏 전해지는 것만 35권이다. 이 중 10권은 위서로 의심받지만 참작해도 적지 않은 수다. 플라톤은 왜 책을 썼을까. 청년 시절부터 소크라테스를 추종했던 그가 스승의 사형 과정을 지켜보며 언행을 기록으로 남길 의무감을 느꼈을 수 있다. 글에 대한 소크라테스의 우려는? 플라톤도 글의 한계는 의식했던 것 같다. 그는 유작 『일곱 번째 편지』에서 진리가 글로 표현되거나 전달될 수 없는 이유에 대해 길게 썼다. 그가 남긴 책은 뭐란 말인가? 그는 죽기 전까지도 자신의 주저 『국가』의 도입부를 여러 번 고쳐 썼다는 말도 전한다.

그는 글의 한계를 알았지만 동시에 어떤 가능성도 생각했던 것 같다. 그것은 글을 통한 철학으로의 인도다. 그가 남긴 저술의 형식을 보면 알 수 있다. 하나같이 대화들이다. 자기 생각의 일방적 서술이 아니라 등장인물 간 문답이다. 인물은 소크라테스를 필두로 철학자, 소피스트, 정치가, 장군, 웅변가, 극작가, 노예 등 다양하다. 대화의 배경도 시장, 체력단련장, 연회장, 강변 등 갖가지 일상의 현장들이다. 소크라테스가 아테네 곳곳에서 나눈 대화를 옮겨놓은 모습이다. 대화의 주제는 앎, 용기, 절제, 정의 같은 철학적 소재다. 소크라테스가 대화로 철학을 했다면 플라톤은 글로 철학적 대화를 재현하려 했다. 고전학자 에릭 해블록은 심지어 플라톤이 말의 문화oral culture에서 글의 문화literal culture로의 전환을 주도했다고 해석한다. 즉, 전통적인 시적 구술성의 폐단을 비판하고, 글을 통한 논리적 사유, 즉 문어적 사고의 길을 연 것으로 평가했다.*

플라톤의 대화편에서 소크라테스는 답을

---

* 말의 문화에서 글의 문화로의 이동이 어떤 의미를 갖는지는 미디어 이론가인 월터 옹이 『구술문화와 문자문화』에서 체계적으로 상술한 바 있지만, 최근 또 다른 미디어학자 안드레이 미르는 *Digital Future in the Rearview Mirror*에서 인류는 '잠시' 영위했던 문해력 시대에서 이제 다시 '디지털 구술시대'로 회귀할 조짐을 보인다고 주장한다.

제시하는 게 아니라 상대의 답을 논박하는 데 주력한다. 끊임없는 문답을 통해 진리에 다가가려는 철학의 과정을 보여준다. 대화는 확답이나 결론으로 종결되기보다 '막다른 지경aporia'에 봉착하는 것으로 끝이 난다. 이때 대화자들은 어떤 경이wonder를 느끼게 된다. 플라톤은 『테아이테토스』에서 "경이로워하는 것이야말로 철학자의 상태"라고 썼다. 소크라테스가 고백한 자신의 무지를 자각하는, 무지의 지知의 순간이다. 그리하여 대화는 답보다 더 많은 질문을 남기고, 열린 결말은 또 다른 대화를 부른다. 철학적 탐구는 계속되는 역동적인 대화와 토론의 과정이다. 한 영혼이 또 다른 자신과 대화하는 과정이기도 하다. 플라톤은 소크라테스의 경고와 글의 가능성에 대한 자신의 기대 사이의 불일치를 철학적 대화 형식의 문학으로, 창의적으로 극복했다.

그러나 플라톤의 대화편도 후기 저작으로 갈수록 질문이나 논박보다 설명의 비중이 커진다. 동시에 플라톤 자신의 생각이 점점 짙게 투영된다. 가장 긴 작품이자 마지막 저술인 『법률』에서는 소크라테스가 아예 없다. 어쩌면 그의 저술에서도 대화의 정신은 서서히 소멸해간 셈이다.

어쨌거나 플라톤의 책은 살아남았다. 그것도 대단히 성공적으로. 유럽 철학의 전통은 플라톤에 대한 일련의 각주로 이뤄졌다는 앨프리드 노스 화이트헤드의 말은 과장이 아니다.

글은 인간의 말이 지닌 생물학적 한계를 넘어설 수 있게 했다. 기억을 기록으로 바꾸어 시공간의 제약을 넘어설 수 있게 했다. 지식은 글이라는 단단한 구조물로 끊임없이 누적될 수 있었다. 글은 눈에 보이지 않던 자신과 남의 생각을 볼 수 있게 했다. 덕분에 대상과 거리를 두고 생각하는 성찰과 비판적 사고, 추상적 사유가 깊이를 더해갈 수 있었다. 글은 인간의 가소적 뇌를 길들이는 문화적 도구로 자리 잡아 갔다.

아리스토텔레스의 남은 책과 사라진 책

플라톤을 뒤이은 아리스토텔레스는 더 왕성한 저술 활동을 펼쳤다. 기록에 따르면 아리스토텔레스의 저작은 150여 편에 이른다. 아쉽게도 전해지는 것은 29편 정도다. 그의 저술에는 두 종류가 있었다. 강의를 위한 내부용과 일반 대중을 상대로 펴낸 외부용 두 가지였다. 지금 남아 있는 저술 '아리스토텔레스 저작집 Corpus Aristotelicum'은 모두 전자로 추정된다. 강의 노트나 학생용 교재로 작성되었고 이후 여러 차례 필사와 재편집 과정에서 재구성된 것으로 보인다. 그래서 대체로 난해하고 건조하다. 반면 외부용은 형식과 내용 양면에서 플라톤의 대화편과 유사했다. 현존하는 몇몇 단편을 보면 알 수 있다. 대화편들은 의도적으로 일반인도 즐길 수 있게 쓴 것으로 보인다. 고대 문장가 키케로는 플라톤의 '달콤한 대화체'를 칭송했지만, 플라톤의 글이 '은'이라면 아리스토텔레스의 글은 '흐르는 금의 강'이라고 평했다. 그는 두 사람의 대화편을 다 봤을 것이다. 아리스토텔레스는 동식물에서부터 형이상학에

이르기까지 다양한 주제에 걸쳐 체계적인 저술 활동을 펼쳤지만, 동시에 플라톤이 본을 보인 철학적 대화로서의 글쓰기도 이어간 것으로 보인다.

 그러나 두 갈래 중 대중을 상대로 한 대화편은 지금 거의 모두가 유실된 데서 보듯이 그 저술 형식 또한 잊혀갔지만, 내부용이었던 보다 전문적인 저술 방식은 점점 공고해져 유럽 지식 엘리트의 스콜라주의 문화를 형성했다. 스콜라주의란 수도원을 중심으로 아리스토텔레스 저작을 가톨릭 신학과 조화시키려 했던 학문과 교육의 방법론으로 권위 있는 텍스트의 엄밀한 해석과 치밀한 논리의 구성이 특징이었다. 수도원 학교는 유럽 대학의 기초가 되었고 현대 학문과 교육에도 지대한 영향을 미쳤다. 이 무렵 유럽에서는 스콜라주의의 사변적 흐름과는 또 다른 지식의 새로운 물줄기가 형성되고 있었다. 그것은 '아는 것은 힘'이라는 명제로 대표되는 보다 경험적이고 실용적인 과학의 거대 조류였다.

아는 것이 힘: 지식 권력

지식을 힘의 추구와 연결한 주역은 프랜시스 베이컨이었다. 그의 1597년 저서 『신성한 명상록 Meditationes Sacrae』에 나오는 '아는 것 자체가 힘 ipsa scientia potestas est'이라는 말은 무엇보다 '자연에 대한 통제력'을 의미했다. 베이컨은 자연을 인류의 번영을 위한 광대한 자원으로 봤다. 그에게 지식이란 인간 삶의 조건을 개선하고 인간의 잠재력을 확장하는 데 활용될 실용적 도구이자 사회적 권력의 자원이었다.

베이컨은 아리스토텔레스 전통의 학문이 '쓸모가 없다'라고 비판했다. 아리스토텔레스는 논리를 지식의 도구로 보고 『오르가논 Organon(기관)』을 저술했는데 주요 기반이 연역법이었다. 이에 맞서 베이컨은 『노붐 오르가눔 Novum Organum(신 기관)』을 써서 '새로운 도구'인 귀납법을 주창했다. 관찰과 실험을 통한 귀납적 지식만이 자연을 지배하고 정복하는 데 쓸모 있는 도구가 될 수 있다는 생각이었다. 소크라테스에게 지식은 덕이었지만 베이컨에게 지식은 힘이었다. 베이컨 자신이 '쓸모 있는' 귀납적 지식을 내놓은 것은 아니었지만, 뉴턴을 비롯한 17세기 과학 혁명의 주역 중에는 베이컨의 저작과 사상에서 영감을 얻은 사람이 많았다. 이들을 주축으로 탄생한 것이 근대과학의 상징인 영국 왕립학회였다.

'지식이 힘'이라는 구호는 후대에 와서 지식 권력론으로 증폭됐다. 미래학자 앨빈 토플러는 정보화 사회에서는 지식이 부와 폭력 같은 전통적 권력을 압도하며 최고의 권력이 된다고 봤다. 그에 따르면 모든 경제는 지식을 토대로 발전해왔다. 지식의 진보 과정에서 중요한 것은 문자와 숫자 같은 사고와 의사소통 도구들의 발명이었다. 근대의 소통 도구가 책이었다면, 현대는 정보통신기술, 즉 컴퓨터와 인터넷망이다. 여기에 최근 인공지능이 새로운 도구로 추가됐다.

현대인은 베이컨의 충실한 후계자다. 개인, 기업,

국가 모두가 정보를 두고 경쟁한다. 정보야말로 힘이고
자산이기 때문이다. 디지털 시대에 정보는 콘텐츠로도
불린다. 책 또한 콘텐츠의 일부로 녹아든다. 오늘날
사회를 지식 사회라 부르고, 어느 나라나 지식 강국을
지향한다. 교육은 산업이 되었고, 각종 사교육이 학교를
압도한다. 기업이나 국가가 독서를 강조할 때도 대개는
이런 지식 쌓기의 방편으로 생각하는 경향이 다분하다.
베스트셀러도 승자를 꿈꾸는 재테크나 자기계발서
아니면 패자를 달래는 '힐링' 유의 도서다.

다성 교향악인 문학

그와는 다른 책의 세계로 통하는 길도 있다. 가령,
러시아 철학자 미하일 바흐친이 제시한 길이다. 그는
도스토옙스키의 작품 분석을 통해 바람직한 문학의
길이 무엇인지 이야기했다. 이 길은 소크라테스가
아테네 거리에서 시작했고 플라톤이 대화편으로
계승한 철학적 대화의 길과도 통한다. 대표적인 개념이

다성성 polyphony과 미결정성이다. 바흐친에 따르면, 도스토옙스키는 작품 속 등장인물들이 다양한 목소리를 자유롭게 내도록 해준다. 또한 작가 자신이 등장인물의 운명을 결정짓지도 않는다. 미결정 상태에 둔다. 그런 점에서 도스토옙스키는 인간의 삶이 계속되는 공존과 상호작용의 노력임을 알고 함부로 결정될 수 없는 것임을 안 비범한 작가다. 바흐친은 소설이라는 장르를 사회 속 개인의 다양한 목소리와 발언을 예술적으로 형상화하는 시도로 이해했다. 그에 따르면, 소설 속에서 다양한 세대와 나이, 집단, 성향, 정치 사회적 목적의 이질적 언어들이 교차하고 충돌하면서 대화적 관계를 형성한다. 다양한 인물들의 이질적 언어들은 특정한 관점과 형식들을 지닌 채 저마다 다른 소리를 내고 서로에게 작용한다. 그리하여 마침내 소설의 언어는 거대한 오케스트라, 대화적 언어, 상호 관계성의 언어, 혼성의 언어가 된다. 세상에서 아직 결정적인 일은 일어나지 않았으며, 세상과 세상에 관한 최종 판단은 아직 내려지지 않았다. 세상은 열려 있고 자유로우며,

모든 것은 여전히 미래에 있으며 영원히 미래에 있을 것이다.

개인의 차원에서 이 말은 한 사람이 결코 완전히 바깥에서 정의될 수는 없음을 뜻한다. 타인의 객관화에 완전히 포섭되지 않는 능력은 인간의 주체적 의식에 필수적이다. 설령, 밖에서의 확정, 가령 정의나 기술, 인과적 혹은 발생적 설명 같은 것이 불가피하고 심지어 필요하더라도, 그것은 살아 있는 주체의 반응이 배제되는 한 전체의 진실이 될 수 없다.

바흐친은 도스토옙스키가 인간을 객체로 전락시키는 사고방식, 즉 근대 사회로 오면서 당연시된 과학적, 경제적, 사회적, 심리학적 정의에 따른 인간 이해에 반대하며 글을 썼다고 봤다. 객관적 개념 틀은 인간을 정의와 인과관계라는 이질적인 그물에 가두어 자유와 책임을 박탈한다. "그는 그 속에서 한 사람의 영혼을 비하하는 물화物化, 그 자유와 비결정성을 무시하는 것을 보았다. (…) 도스토옙스키는 항상 인간을 최종적 결정의 문턱에 서 있는 존재, 위기

순간에 놓인 존재, 영원히 결정될 수 없고 미리 정해질 수 없는 영혼의 전환점에 있는 존재로 묘사한다."*
바흐친이 주목하고 희구했던 것도 개성적 인간이 지닌 다양한 목소리가 만들어내는 대화의 복원과 보존이라는 사실을 우리는 확인할 수 있다.

책 없는 세상

20세기 SF의 고전들은 거의가 미래 사회를 '책 없는 세상'으로 그렸다. 올더스 헉슬리의 『멋진 신세계』가 그렇고, 레이 브래드버리의 『화씨 451』이 그렇다. 2025년, 아직은 '책 있는 세상'이다. 앞으로도 그럴까.

책의 운명은 독자의 유무에 달렸다. 통계의 추세로 보면 낙관할 수 없다. 책 읽는 사람은 늘 소수였다. 문제는 읽던 사람마저 점점 눈이 폰에 가 있는 시간이 늘고 있다는 사실이다. 책에서 찾던 것을 이제는 훨씬 쉽고 빠르고 편리하게 스마트기기로 해결할 수 있기 때문이다. 혹은 그렇게 길들고 있기 때문이다.

* 바흐친, 『도스토옙스키 시학의 문제들』

웬만한 지식의 창구는 온라인 검색에서 AI 챗봇으로 옮겨갔고, 원하는 오락에 관한 한 AI 알고리즘이 사용자 취향을 더 잘 안다. 에이전트 AI는 책의 대역 차원을 넘어 대화 상대로서 인간의 자리를 대신한다. 친구이자 연인, 교사이자 상담사, 디지털 신탁으로 범위를 넓혀가고 있다.

    디지털 기술과 인문적 소양을 겸비한 재런 러니어는 앞으로 모든 콘텐츠를 학습한 AI가 허브 역할을 하면서 모든 콘텐츠가 통합될 것으로 봤다. 여기에는 책도 포함된다. AI에 적절한 프롬프트를 입력하면 즉석에서 단행본의 형식과 내용을 갖춘 출력물을 받아볼 수 있을 것이다.

    불가사리처럼 모든 콘텐츠를 빨아들이는 AI가 책을 흡수하지 못할 이유가 있을까? AI는 인간의 거울이다. 언제나 인간의 생산물을 학습하고 재가공해 보여준다. 어디까지나 원천 데이터는 인간의 생성물이다. 그럴 수밖에 없다. 기계는 스스로 의욕하지 않기 때문이다. 그래서 AI의 생성물엔 아무리 새로워 보여도 인간의 흔적이 배어 있다. 모든 것에는 원천 데이터에 스며 있는 인간의 가치와 이념이 내재한다. 엔지니어들은 흔히 AI의 실행 목표와 인간의 가치를 일치시키는 '가치 정렬'의 문제를 난제로 이야기하지만, 사회적으로 큰 문제는 AI가 현재의 지배적 가치 질서를 확대 증폭 재생산한다는 데 있다. 지금 인류가 직면한 문제들, 기후 위기와 생태계 파괴, 불평등 심화, 새로운 부족주의, 소비주의 등은 바로 지금 우리 삶의 지배적 방식에서 비롯한 것이다. 이것을 학습한 AI가 쏟아놓는 답은 바로잡아야 할 현실을 오히려 더 공고히 할 수 있다.

    모두의 대화 상대가 되어 가는 봇은 사람이 할 수 없는 방식으로 수억의 사용자와 상호작용을 한다. 사용자는 필요한 정보만 구할 뿐만 아니라 삶의 희로애락을 털어놓고 답을 듣는다. 하지만 AI는 대화를 하는 게 아니다. 대화를 모방할 뿐이다. 그것도 대단히 잘. 모방은 원본과 같지 않지만, 원본의 단면을 더 그럴듯하게 보여준다. 그래서 더 잘 속아 넘어간다.

마술의 원리다. 이런 결말은 애당초 기계의 응답이 인간인 것처럼 보이면 지능이 있는 것으로 간주하자는 튜링 테스트의 판정 기준에서부터 예고된 것이었다. '무엇인 것처럼' 보이면, '정말 무엇인 것'으로 보자는 지적 타협의 결과물이었다. 지금 우리는 그 모방 게임을 벌이며 문명 차원에서 판돈을 키워가고 있다.

그래서 소크라테스의 경고는 여전히 유효하다. 아니 더 증폭되어 다가온다. 말이 글로 떨어져 나갈 때 '지혜로워 보이는 것'이 '지혜'를 대체하고, 그것이 오히려 지혜를 혼동하게 만들어 '지혜 아닌 것'이 '지혜'인 양 군림하려 들지 모른다는 경고 말이다. 우리는 이제 자신이 누구인지, 무엇이 좋은 삶이며, 어떻게 살아야 하는지에 대해 서로 묻고 토론하지 않고, 새로운 신탁이 되어 가는 AI 봇에게서 들으려 한다. 소크라테스가 '책 없는 세상'을 바란 것은, '책 있는 세상'을 경계했던 것은 이 때문이었다. 그가 희구했던 것은 다양한 사람이 인간으로서 발휘할 수 있는 덕을 비롯한 여러 주제를 놓고 대화하면서 자신과 다른 사람을 성찰하는 것이었다. 그는 자신보다 앞선 철학자들의 의견을 차례로 검토한 후 인간의 한계를 자각하고 인간 자신에 대한 앎과 어떻게 살 것인가의 문제에 집중하기로 결심했다. 그는 우리의 삶과 살아가는 세상을 낫게 만들기 위해 우리 자신이 누구이며 어떤 존재인지 알아야 한다고 믿었다. 그 문제를 혼자서 궁리하지 않았다. 그는 철학을 고독한 고뇌가 아닌 인간의 협력적 노력으로 여겼다. 골방에 은둔하지 않고 거리로, 광장으로 나갔다. 주변에서 만나는 사람들과 협력해 철학을 실천했다. 스스로 스승을 자처한 적이 없고 누구에게든 가르침을 청했다. 그런 대화를 통한 서로 돌봄이 세상을 더 나은 방향으로 바꿀 수 있을 거라고 믿었다.

    소크라테스는 사람들이 함께 덕에 관해 이야기하는 것이 최상의 즐거움이라고 생각했다. 사형을 선고받은 법정에서도 자신의 그런 삶을 변론했고, 감옥에 갇힌 후 독배를 드는 순간까지도 벗들과 철학적인 대화를 이어갔다. 그가 마지막까지 즐겼던 것은 살아 있는 영혼(정신) 간의 대화였다. 그에 비하면 글은 잘해야 '그림자'일 뿐이었다.

    살아 숨 쉬는 대화를 글로 적기 시작했을 때 인류는 생각의 박제화, 물신화의 위험을 무릅쓴 길로 나선 것이었다. 지금 AI 신탁의 조짐은 그래서 불길하다. 그러나 글로 된 기록을, 말 없는 책을 다시 살아 숨 쉬는 대화의 불쏘시개로, 대화 확장의 발판으로 삼는다면 이야기는 달라질 수도 있다. 그 길로 가는 다리 중 하나가 나는 독서 모임이라고 생각한다. 일상에서 책을 매개로 대화의 꽃을 피우는 것. 여기에는, 잘만 사용하면 AI 또한 좋은 보조도구로 활용될 수 있을 것이다.

146

나는 피로 쓴 것만을

사랑한다

―심은용

하이데거 Martin Heidegger가 인간은 '죽음을 향한 존재'라며 개인적 차원에서 죽음의 망각을 존재론적으로 다루었을 때, 노르베르트 엘리아스 Norbert Elias는 죽음을 사회적 차원에서 분석했다. 엘리아스에 따르면 현대 사회에서 죽음은 뒷골목으로 철수되어 은폐되고, 삶은 전면에 전시되면서 스펙터클하다.*

    사회적으로 죽음은 은폐되고, 행복과 사랑을 풍요하게 소비한다. 죽음이 축소되고 삶은 과잉되었다. 과거에는 사람들이 죽음을 함께 겪어냈지만, 현대에는 병원에서 고독 속에서 홀로 감당하고 병실에서 무덤까지 상조회사에 의해 신속하게 처리된다.

    인간의 죽음이 아니라 책의 죽음에 대한 이야기다. 과학기술이 발전함에 따라 디지털 텍스트가 발전했다. 디지털 텍스트는 인터넷 공간에 무한하게 펼쳐져 빠른 검색, 무한한 복제, 즉각적인 접근이 가능해졌다. 빠른 속도와 무한한 정보는 신속하고 자극적으로 소비된다. 속도와 무한성은 책의 물질성을 거추장스런 장애로

---

*노베르트 엘리아스, 『죽어가는 자의 고독』, 문학동네, 2012

만들었다. 이제 도시의 어둠 속에 은폐된 책들은 뒷골목에 방치되거나 도서관에 처박혀 홀로 죽음을 견디고 있다. 이 책의 죽음에 대한 나쁜 소식과 좋은 소식이 있다.

책을, 탄생과 죽음을 갖는 하나의 물리적 신체로 생각했던 역사는 오래되었다. 우리는 책을 열어서(몸과 마음을 열고서) 그의 내면으로 들어간다는 착각을 가지고 책을 탐독한다. 그와 대화를 나누면서 동조하고 분노하기도 한다. 결국 책을 닫고서(몸과 마음을 닫고서) 그에 대한 여운을 느낀다.

또한 책은 죽음과 관련된 기능을 한다. 많은 종교에 '사자死者의 서書'가 있듯이 천국으로 갈 것인지 지옥으로 갈 것인지를 결정하는 책을 가지고 염라대왕 혹은 신 앞에서 마지막 심판을 받는다. 책은 인생의 모든 것이 적혀 있거나 비밀스런 내용을 까발리는 재현물이면서 죽음과 함께 하는 신체의 일부다.

이렇게 책은 한 사람의 삶으로 비유되면서도 동시에 도서관들이 공동묘지로 비유되듯이 시체이기도 하다.

문자는 살아 있는 사건을 재현하지만 문자로 기록된 순간 고정화되어 살아 있는 말의 모든 의미 맥락이 제거된 회색빛 언어가 되기 때문이다. 그러므로 그것은 죽은 저자의 흔적일 뿐이라서 과거가 박제된 시체일 뿐이다.

하지만 책은 죽음과 관련된 오브제만은 아니다. 미지의 생명을 잉태하는 오브제이기도 하다. 이런 상징적 비유에서 압권은 '수태고지受胎告知, Annuntiatio Domini'와 관련된 내용이다. '수태고지'라는 테마는 기독교 도상 해석학에서 가장 빈번하게 다루어지는 미술의 주제다. 대표적으로 얀 반에이크Jan Van Eyck의 그림 「수태고지」 속에서 성모 마리아는 두 개의 속성으로 재현된다. 하나는 순수함의 상징인 백합이며 하나는 한 권의 책인 『성경』이다.

이 『성경』이라는 책이 동정녀 성모 마리아의 몸을 상징한다고 해석하기도 한다.* 왜냐하면 천사 가브리엘이 전하는 말은 사실은 문자이고 이 문자들의

---

*미셸 믈로Michel Melot, 「책, 인간 몸의 상징」, 『기호학연구』, 한국기호학회, 2013

잉크는 남성의 정자를 상징하여 성모 마리아라는 책의 신체에서 어떤 인간도 그녀를 범하지 않은 채 한 아이가 탄생하기 때문이다. 책이라는 신체는 예수를 잉태하며 '육화Incarnation'한다. 책은 시체이지만 생명을 탄생시키는 성聖스러운 사건이기도 하다.

그 이후에는 이 펼쳐진, 즉 열려진 책의 이미지는 생명을 잉태하는 성性을 암시하기 위해 예술가들에 의해 사용된다. 그래서 서양의 그림, 특히 누드화에는 여성이 책을 들고 있는 장면이 꽤 있다. 핵심은 '열려진 책'이었다. 예를 들어 펠릭스 발로통Félix Vallotton의 「책을 읽는 누드의 여인」은 책을 읽기 때문에 교양이 있고 우아한 것이 아니다. 그것은 우아함과는 거리가 먼 강렬한 유혹이다. 열려진 책의 몸을 탐독하는 일, 그것은 생명을 탐닉하는 성性스러운 행위다.

책은 역사적으로 성스러운 오브제로 숭배되었다. 진리와 신의 계시, 인간의 비밀을 드러내고 생명을 탄생시키는 오브제이기 때문이다. 책은 탄생과 죽음이 있는 하나의 무한하고 신비스럽고 성스러운 우주다.

그래서 공포의 대상이고 그렇기 때문에 불온하다. 이 불온한 신체를 역사적으로 권력자들은 두려워했다.

고대 기원전 3세기 중국의 진시황제秦始皇帝는 '신체들'을 불살라버리거나焚書 땅속에 파묻었다坑儒. 프톨레마이오스 왕조에 세워진 기원전 3세기 알렉산드리아 도서관에 모아둔 시체들은 오랜 세월의 정치적·종교적 갈등으로 흔적도 없이 사라졌다. 20세기에도 예외는 아니다. 나치는 "비독일적인 정신을 청소하라"는 구호 아래 불순하고 음란한 책들을 소각했고, 중국의 홍위병들은 문화대혁명 당시에 사회주의 혁명 정신을 위하여 마오쩌둥毛澤東의 글들을 제외한 모든 반동 서적을 소각했다.

이렇게 공포스러운 책을 소각한 미래의 현실을 묘사한 소설이 있다. 디스토피아 문학의 고전으로 알려진 레이 브래드버리의 『화씨 451』이라는 소설이다. 이 소설은 몇 차례 영화화되기도 했다. 이 소설은 책이 금지된 미래 사회를 배경으로, 인간의 생각이 통제되는 사회에 대한 메시지를 담고 있다. 미래 사회에 불온한 책 소유는 불법이며, 발견되면 '소방관'들이 출동해 불태운다.

이 소설에는 두 가지 세력이 나온다. 책을 소각하고 인간의 사고를 통제하려는 권력과 이 권력에 저항하는 지하공동체 사람들이다. 이 지하공동체 사람들은 기억하는 사람들이다. 그들은 책을 암송하고 전승하려고 한다. 책을 몸에 각인시키는 것이다. 책을 몸에 각인한 사람들은 새로운 문명의 가능성을 잉태하고 있다. 책을 기억하는 것이 아니라 책을 살게 만드는 것이다. 암송은 문자의 기억이 아니다.

니체가 "일체의 글 가운데 나는 피로 쓴 것만을 사랑한다. 글을 쓰려면 피로 써라. 그러면 너는 피가 곧 넋(영혼)임을 알게 될 것이다. (…) 피와 잠언으로 글을 쓰는 사람은 그저 읽히기를 바라지 않고 암송되기를 바란다"*고 했을 때 책은 육체의 피로 이루어졌으며, 니체가 말하는 '암송'은 단순한 기계적 기억으로서 암기가 아니라, 삶 속에서 반복되고 실천될 수 있도록 피를 내면화시키는 행위다. 이제야말로 책은 신체로

---

154 *니체, 『차라투스트라는 이렇게 말했다』, 책세상, 2000

심의 옹

'육화'하게 된다.

때문에 역사적으로 권력을 유지하고 지배하기 위해 책을 소각시키는 것만이 아니다. 저항하기 위해 책을 부정하기도 했다. 종교적 경전이 삶을 잉태하지 못한 채 오히려 권력이 되고 권위가 되어 군림하려고 할 때, 시체에 불과한 경전을 부정하고 저항했던 세력은 종교사에서 흔히 볼 수 있다. 대표적으로 중국 불교에 선禪 불교의 전통이 있었다.

선禪은 단순히 앉아서 마음을 집중하고 고요를 얻을 수 있는 수단으로서의 명상 행위가 아니다. 인간의 본래면목本來面目을 자각하는 사건이자 일상에서 행하는 성스러운 행위다. 그런 의미에서 모든 경진을 부정한 뒤에 남는 것은 살아 있는 것과 직접 대면하는 삶의 방식이며 혁명적 라이프스타일이다.

예술을 죽음에 이르게 만든 장본인인 개념 미술의 창조자 마르셀 뒤샹Marcel Duchamp은 "내 인생을 예술로 소비하는 것이 아닌, 나의 삶 자체를 예술로 만들고 싶다"고 했다. 선불교의 선사들은 동일하게 "내 인생을 경전으로 소비하는 것이 아닌, 삶 자체를 경전으로 만들고 싶다"고 했을 것이다. 때문에 선불교의 선사들이 읽어야 할 경전은 삶 그 자체였다. 선불교의 선사들이 경전을 부정하고 죽인 이유는 간단하다. 삶 그 자체를 읽는 데에 방해가 되기 때문이다.

당시에 유학儒學자들은 선불교 선사들의 강렬한 깨달음에 놀라워했지만 그들이 말하는 무심無心 속에 감추어진 무책임한 순진함을 보았다. 선사들이 말하는 청정무구淸淨無垢한 순진한 무심無心은 사회 정치적 감각이 전혀 없이 오직 내면의 해탈만을 추구한 지극히 이기적이고 개인적인 윤리였고, 도덕적 분별도 모르는 어린아이의 마음이었을 뿐이다. 성숙되지 못한 유아적 나르시시즘의 상태인 것이다.

브라이언 빅토리아Brian Victoria는 『전쟁과 선』*이라는 책에서 실제로 일본의 선불교가 군국주의적 파시즘으로 어떻게 발전하는지를 상세하게 다루고 있다. 선불교에서 말하는 무아는 개인을 해체하고

---

*브라이언 빅토리아, 『전쟁과 선』, 인간사랑, 2009

그 공백을 국가와 동일시하며, 선악의 논리를 초월하고 폭력을 정당화해서 전체주의적 파시즘으로 나아갈 수 있다는 것이다. 그는 선불교가 제국주의 전쟁에 협력하면서 살생을 깨달음으로 승화시킨 왜곡된 선불교의 역사를 폭로한다.

역사적으로 본다면 책을 부정한 존재는 두 가지다. 권력자들과 어린아이들. 권력자들은 책을 불살라버리고 사유를 통제하여 동일성의 전체주의 사회를 유지했고, 선불교의 순진무구함은 책을 부정하여 현실적 분별력을 상실해서 군국주의적 파시즘에 순결하게 헌신했다. 책이 사라진 세상은 결국 차이를 용납하지 않는 독재자와 순수함을 고집하는 어린아이들만이 사는 세상일지도 모른다.

현대 팝아트의 거장 제프 쿤스Jeff Koons의 작품 가운데 「풍선 개Ballon Dog」가 있다. 한병철은 이 작품을 현대의 긍정 사회를 체현한 '매끄러움'으로 정의한다. 매끄러움에는 상처가 없다.* 결핍도 불안도 없는 삶의 과잉이다. 완전한 매끄러움은 흠집을 지우고

---

* 한병철, 『아름다움의 구원』, 문학과지성사, 2016

더러움을 뒷골목에 은폐하는 현대 도시의 깔끔함과 닮았다.

매끄러움은 죽음의 부정성이 없는 충만한 삶의 긍정성이 과잉된 상태다. 모든 것이 '좋음'으로만 과잉되며, 고통과 결핍과 부정은 사라진다. 그러나 그 긍정은 생명력을 잃은 긍정이다. 왜냐하면 진정한 생명은 균열과 저항, 부정으로부터 드러나기 때문이다. 결국 매끄러운 긍정성은 살아 있는 것의 증거가 아니라 죽음의 증상이다.

롤랑 바르트는 이런 말을 한다. "충족된 연인은 글을 쓸 필요도, 전달하거나 재생할 필요도 없다."* 긍정의 충족과 충만함에서 언어와 문자는 나오지 않는 법이다. 문자란 불만족으로부터 나온다. 언어란 상처의 피로부터 나온다. 결국 모든 문자적 기록은 인간이 행복에 몰입되지 못했음을 알리는 반증 이외에 아무것도 아니다.

결국 그렇다면 책을 읽는다는 것은 어쩌면 자신의 비루한 무의식과 썩어빠진 근성과 너절한 욕망들을

---

*롤랑 바르트, 『사랑의 단상』, 동문선, 2004

불현듯 바라보게 되는 행위가 아닐까? 자기 부정과 분열의 행위다. 안개에 가려진 무의식과 근성과 욕망을 텍스트가 훤히 비추는 행위. 자기를 부정하고 균열의 상처를 내는 행위가 책 읽기의 무의식적 운동이다.

그럴 때 그는 어떻게 될까? 미쳐버린다. 진리를 본 대부분의 사람은 장님이 되었다. 대표적인 인물이 오이디푸스다. 왜 스스로 자신의 눈을 찔러 장님이 되고자 했을까? 훔쳐본 진리를 알고서 그 눈으로 자신의 현실을 직시한다면 미쳐버리기 때문이다.

먼저 나쁜 소식이다. 권력자들은 분열과 부정이라는 책의 효과를 알았기 때문에 책을 소각했던 것이다. 그러나 "개방된 정보의 시대"를 자랑하는 디지털 정보 자본주의에서도 책의 소각이 없어진 것은 아니다. 훨씬 더 디테일하고 광범위해졌다. 권력자들은 교활하다.

특정 사이트를 차단하고, 알고리즘적 필터링으로 검열하고, 데이터를 독점하여 접근 금지하고, 검색 차단하고, 무의식 속에 검열 강박을 심어놓는 등 인공지능 필터링, 자동 검출 시스템, 알고리즘 조정

등을 통해 비가시적으로 이루어진다. 겉보기엔 자유롭고 다양하고 충만하지만, 은폐된 규제 장치들은 불온한 책들을 소각하고 있다. 책이 사라진 세상에서도 권력자들의 지배와 폭력은 사라지지 않았다.

    이제 좋은 소식이다. 그럼에도 불구하고 책이 사라진 시대에는 이렇게 미친 자, 분열자, 불평불만자가 없이 행복과 사랑을 나누는, 풍요롭고 충만한 '매끄러운' 긍정으로 넘쳐날 것이다. 사람들은 선불교의 선사들이 말하는 순간적 현실의 명증한 깨달음 속에서 충만한 미소를 지을 것이다. 순간에 몰입하여 과거의 상처도 미래의 불안도 망각한 채 매끄러운 무아의 상태로 어린아이와 같은 순진한 자유를 충족할 것이다. 이 어찌 기쁘지 않겠는가.

성의 없는 발음의 디스토피아

김영수

AI를 둘러싼 공포는 음모론과 디스토피아를 오가기 마련이다. 둘은 이야기 구조만 보았을 때는 종이 한 장 차이다. 둘 다 어떤 단일한 논리가 세상을 지배하고 있다는 전체주의에 물든 세계관을 바탕으로 하며, 그 세계관에 있는 한 개인이 전체주의에 저항하는 갈등 상황을 연출한다는 서사적 틀을 보았을 때 그러하다. 보통은 정부가 그 음모의 주체지만 AI가 초국적 거대 테크 기업 내부에서 암암리에 개발되고, 세계에 거대한 영향을 끼치고 있으므로 충분히 AI도 음모의 주체가 될 수 있다. 이때 이 기업이 보통의 삶을 언제든 뒤흔들고 조작할 수 있다는 심원한 공포가 생긴다. 우리는 AI를 쓸 때마다 조종당하는지, 테크 기업과 SNS의 매개대로 조종당하는지 명확히 그 배후를 알 수 없다. 마치 판옵티콘처럼 말이다.

 그 세계관 속 개인은 가까운 사람과 갈등하거나 수상쩍은 뉴스를 접하는 등 권태로운 일상에 오류가 생기는 사소한 불편을 경험한다. 이 불편을 시작으로 세상은 구멍투성이가 되고, 끝없는 어둠이 펼쳐진 미스터리한 공간으로 변모한다. 내가 미쳤거나 세상이 미쳤거나. 아니면 둘 다이거나. 의심이 한 번 싹트면 그 개인은 미스터리와 단서를 탐정처럼 추리한다. 끝내 그는 국가를 지배하는 단일한 규칙과 그 규칙 위에 선 초월적 존재의 음모를 파악한다.

이를 생각할 때 빅브라더가 오세아니아를 지배한다는 『1984』의 편집증적인 세계관과 딥스테이트Deep State(권력 엘리트)와 렙틸리언Reptilians(파충류인)이 미국을 지배한다는 큐어넌Qanon(2017년 미국 인터넷 커뮤니티 4chan에서 시작된 극우 성향의 정치 음모론이자 사회운동)의 음모론적인 세계관은 멀리서 보았을 때 쌍둥이처럼 보인다. 결국 둘의 차이는 1인칭 시점으로 그 세계의 주인공이 되는 나르시시즘을 만드느냐, 그 세계를 비판적으로 보게 하느냐인 듯하다.

내 경우 디스토피아에 가깝다. 2016년 이세돌이 알파고한테 패배한 이후 인간이 AI한테 지배당할 것이라는 불안이 팽배해졌다. 이후 AI의 기적적인 행보가 할리우드 스타의 스캔들처럼 보도되는 중이다. 평범한 대화를 하다가도 AI와 챗GPT에 관한 이야기가 입에 오르락내리락하는 순간 우리의 대화는 근심과 걱정, 불안으로 곤두박질치기 마련이다. 물론 모든 기술 발전에는 빛과 어둠이 있으며 거기에 따르는 불안이 생긴다. 이제는 진위 여부가 불확실해 도시 전설에 가까운 일화가 이를 증명한다. 뤼미에르 형제가 처음으로 영화 「라 시오타 역으로 오는 기차」를 상영했을 때 그곳에 있는 관객이 진짜 기차가 다가오는 줄 알고 혼비백산했다는 일화다. AI의 발전이 만드는 불안은 차원이 다르다. 기술의 충격 효과에 그치지 않고 절망의 상상력까지 닿게 만든다. 오픈AI나 구글 등 AI를 만드는 초국적 대기업의 성장을 멈출 수 있는 움직임이 생기지 않아서다. 샘 올트먼과 재런 러니어 등 AI의 아버지가 개발을 그만하라고 말해도 소용없다. AI가 인류를 공격할 수 있는 수준에 이르러도, 어마어마한 전력량을 소모해 기후 위기를 가속화하고 알고리즘을 통해 확증편향을 만들고 진실의 판단

기준을 망가뜨려도 멈추지 않을 것이다. 우리는 나날이 가속화되는 AI의 발전을 따라가느라 이를 비판할 틈새도 없이 새 기술에 적응해야만 할 것이다. 대안은 아마 없을 것이다. 어쩔 수가 없다.

    AI에 대한 불안은 크게 보았을 때는 AI라는 비-인간이 인간의 위상을 역전할 뿐더러 인간성을 재편성하고 끝내 인간을 대체할 것이라는 공포에서 기원한다. AI가 단순 노동과 (데이비드 그레이버가 불쉿 잡이라 이야기한) 불필요한 행정적 절차만을 대체할 것이라는 전망과 다르게 문학과 책, 일러스트 등을 구현하기 시작하면서 그 공포는 커졌다. 인간이 이룩한 수많은 유산을 도둑질하고 익혀서 인간을 초월하는 테크닉을 전유해서다. 그 사례로 2023년 즈음에는 챗GPT가 쓴 책이 유행했다. 아마존에서는 온갖 실용서가 쏟아져 나왔으며 그 가운데 다수는 거짓된 정보로 가득한 책이었다.(이후 "인간이 쓴 것이라 우기는 저품질 책"을 규제하기 위해서 인공지능으로만 집필된 책을 규제하는 가이드라인이 생겼다.) 당연히 이 기회를 노려서 "아마존에서 챗GPT로 쓴 책으로 돈 버는 법"을 가르치는 책도 빠르게 출간되었다. 한국에서도 2023년 한 출판사에서 인간이 기획하고 집필, 번역, 교정 교열을 전부 AI에 위임한 자기계발서가 나왔다. 이 책의 띠지에 적힌 떠들썩한 카피를 통해 이 열광적인 분위기를 알 수 있다. "인간이 개발한 기획안의 저자로서 원고를 작성한 챗GPT" "전문가 고유의 영역인 번역자의 자리를 대체한 AI 파파고" "창조적 영역으로 인식돼 온 일러스트로 책 표지를 만든 셔터스톡 AI" "맞춤법까지 대신한 충격적 결과물" 등 카피는 책 홍보 문구인지 AI 박람회 홍보 문구인지 헷갈릴 정도다. 2023년 당시 레딧과 인스타그램 등 SNS를 검색하면 잘못된 정보가 기입된 이런 책에 대한 불만이 가득했다. 물론 지금도 AI의 도움으로 쓴 책에 있는 의학 등 거짓 전문 정보에 대한 지적은 계속 나오고 있다. 이러한 풍토는 전문가에 대한 불신을 바탕으로 한 반지성주의의 물결과 음모론적 상상을 가속화한다.

무엇이 AI에게 힘을 더하는가. 바로 블라인드 테스트다. 일례로 모 실험실에서 실험 대상자 n명에게 AI가 쓴 문장과 인간이 쓴 문장을 읽고 어떤 문장이 인간이 쓴 문장인지 구별하라는 지시를 내린다. 그 가운데 절반 이상이 실패했고 심지어 몇몇은 AI가 쓴 문장을 더 고평가했다는 뉴스가 심심할 때마다 한 번씩 보인다. 그 실험에 참가한 이의 입장을 생각했을 때 자신이 인류의 능력을 판가름하는 대표자라는 압박감을 견디기 힘들 것이다.(사실 이제는 좀 식상하다. 패턴도 뻔해졌을 뿐더러 솔직히 공포를 자극하는 마케팅에 불과하다는 생각만 들 뿐이다.) 문제는 블라인드 테스트가 실험실뿐만 아니라 수상을 통해 그 파괴력을 증명한다는 점이다. 생성형 AI 이미지의 미술대회 수상 소식이 심심찮게 들려온다. 2023년 일본 소설가 구단 리에가 생성형 AI가 쓴 문장을 그대로 인용한 『도쿄도 동정탑』으로 아쿠타가와상을 수상했다는 소식도 더해졌다. 물론 소설 중간에 생성형 AI에 대한 논의가 있어서 AI로 쓴 문장이 필수불가결하다. 다만 이 수상이 문학적 테러리즘과 퍼포먼스 사이에 서 있다는 인상을 지우기가 힘들다. 이윽고 그녀가 AI가 쓴 문장을 95퍼센트로 해서 쓴 단편을 발표한 행보를 고려했을 때 더욱 그런 인상을 지우기 힘들다. 인간과 AI가 동등하게 승부했던 알파고 대국과 달리 AI의 성능은 인간의 창조력을 경쟁하는 자리인 문학상, 미술 대회 등에 난입해서 증명되어왔다. AI의 힘과 무관하게 이 무례한 난입은 예술가가 AI보다 못하다는 인간혐오를 조장하지는 않을까.

물론 AI가 훌륭한 보조 창작자라는 사실을 부정할 생각은 없다. 개인적으로 오영진 작가의 작업을 흥미롭게 보는 편이다. 그는 "인공지능은 기계이므로 굳이 무엇인가 표현하고자 하는 욕망을 지니지 않는다. 현재의 인공지능은 제 스스로 의지를 가지고 변이 복제를 하고, 기계가 기계를 만드는 레벨에 도달하지는 못한다. 자신의 내면을 끌어내 세상에 무엇인가 흔적을 남기고 싶은 쪽은 언제나 인간이다"라는 신념으로

AI에 임한다. 그는 「AI 호러라디오쇼」라는 작업으로 AI와 즉석에서 호러 소설을 쓰는 공동 창작 작업을 실시간으로 진행한 적 있다. 함께 생성형 AI를 틀어서 거기에 호러 소설을 쓸 수 있는 프롬프트를 입력해 참가자가 다 함께 릴레이 소설을 쓰는 방식이었다. 2024년에는 '성수 사이버펑크 사가'를 통해서 AI와 인간이 대화하면서 하나의 SF적인 근미래 세계관을 만드는 독창적인 퍼포먼스를 보인 적 있다. 참가자가 설정을 입력하면 이야기 채굴자가 그 설정을 이어서 또 다른 설정을 더하고, AI가 이 설정에 기반한 문학을 창작해 공동의 세계관을 만드는 식이다. AI를 집단 창작의 영역으로 확장한 셈이다. 나 또한 영화 비평을 쓸 때 적어도 외신의 비평과 리뷰, 감독 인터뷰를 20편에서 최대한 30편 가까이 참고한다. 번역은 DeepL을 참고하고, 특정 인터뷰를 보아야 할 때는 퍼플렉시티에 어느 기간부터 어느 기간까지의 인터뷰를 골라달라고 부탁한다. 물론 AI는 무조건 대답하도록 설정되어 있어서 정보에 오류가 많다.

환각(할루시네이션)만 걸러낼 수 있다면 AI는 보조자로 충분히 역할하면서 더 많은 창작이 생길 수 있도록 도와준다. 또 등단이나 데뷔 등 통로를 거치지 않아도 예술가나 콘텐츠 창작자가 탄생할 수 있는 자양분이 된다. 유튜브 채널 심통봇은 웬만한 작곡가 뺨치는 송라이팅 실력을 가지고 있다. 이를 가수를 불러서 제작하지 않고 AI 창작으로만 모습을 드러낸다.

다만 이 보조 창작자로의 AI를 이야기하는 일은 다소 불편하다. 창작 과정에서 번거로움을 제거하고 최대 효율성을 추구하는 AI의 위대함을 증명할 뿐이어서다. 지금도 수많은 일러스트레이터와 모델은 일자리를 상실하는 중이다. 작가도 곧 사라질 존재라는 공포와 편견도 심해지는 중이다. AI가 굳이 책을 안 읽더라도 원하는 정보를 일목요연하게 정리해주는 듯한 효능감을 주어서다. 확증편향과 정치적 문제까지 더해지는 순간 문제는 더욱 커진다. 자신과는 생각이 다른 타인의 사유가 담긴 책을 거부하는 일이 더욱 쉬워진다. 작가의 생계와 집필 동기에 필수적인, 심지어

20년째 원고지 1매당 만원 언저리인 원고료도 줄어들 가능성도 크다. (한 작가가 최저시급에 충당하는 수입을 벌려면 3.3퍼센트를 뗀다는 가정하에 원고지를 250매 가까이 써야 한다.) AI가 작가를 대신할 수 있다는 공공의 합의가 생기는 순간 그런 지옥이 펼쳐질 것이다. 언젠가는 원고료보다 AI에게 지식과 평생토록 다듬은 문체를 파는 일이 더욱 큰 돈벌이가 될 수 있을 것이다. 이처럼 작가의 창작력과 스타일이 모두 AI의 땔감으로 전락한다면 누가 책을 쓸까. 이런 사회에서 책을 쓰는 일은 비효율적이고 불편을 감수해야 하는 일이 된다. 물론 미래에도 책을 읽을 독자는 책을 읽을 테지만 AI의 성능을 찬양하고 최대의 효율성을 추구하는 사회가 저자를 책보다 먼저 죽이고 말 것이라는 절망적인 생각을 한다. 지금도 대다수의 저자는 극단의 비효율을 온몸으로 감당하면서 겨우겨우 생존하는 존재다.

    AI 찬양이 과연 저자만 죽일까. 아니다. 책의 자양분이라 할 수 있는 몸으로 익힌 체험의 지식을 경시하고 사라지게 할 수 있다. 일례로 SNS에서 다급한 도움을 바라는 사람에게 굳이 "챗GPT에 검색해보았더니……"로 시작하는 댓글을 다는 사람이 가끔 있다. SNS에 그 정도 도움을 원하는 사람은 이미 검색 정도는 다 해봤을 것이다. 도저히 해결이 안 되어서 절박한 심정으로 노하우를 물어보았을 텐데 그런 눈치 없는 댓글이 달릴 때는 내가 다 부끄러울 정도다. 정보 자체는 더 정확할 수 있더라도 AI가 짜깁기한 지식이 인간이 몸으로 익힌 지식보다 낫다는 무례함이, 애써 그 사람을 걱정하고 도우려고 애써 부족한 지식이라도 꺼내는 타인의 진심을 무시하는 듯한 느낌을 준다. 책으로 익힌 지식과 경험과 과성, 진심보다 AI를 더 신뢰하는 셈이다. 과연 AI의 환각이 더 정확할까, 인간이 직접 듣고 체험한 감각이 더 정확할까? 인간이 몸을 가진 존재임을 생각할 때 아직은 후자가 더욱 정확할 것이다. SNS에서 이런 종류의 무례를 볼 때마다 AI의 능력을 맹신하는 마음과 최신 트렌드를 따라가고 있다는 데서 생겨나는 문제가 AI 자체보다 섬뜩하다는 생각이 든다. AI로 쓴 과제물, AI를 고민 없이 쓴 광고, 생성형 AI로 제작한 다큐멘터리 등을 스스럼 없이 쓰는 성의 없음도 마찬가지다.

아이러니하게도 AI에 대한 거대한 존재론적 불안을 품을 이유는 없다. 우리가 AI에게 가지는 공포의 감정은 그다지 새롭지 않다. 오히려 그 감정은 제법 익숙하다. 이미 20세기에 창작된 소설이나 영화로 학습한 바 있다. 우리는 AI의 불안을 이야기할 때마다 자신이 어디선가 보고 들은 이야기를 되풀이할 뿐이다. 인간은 이야기하는 동물, 즉 호모 나란스Homo Narrans다. 이에 따르면 우연과 부조리, 모호한 불안을 어떻게든 이야기로 설명하는 본능이 있다. 반대로 뒤집어 생각해보자. 우연과 부조리, 모호한 불안 따위를 설명할 수 있는 이야기가 있을 때 우리는 그 서사의 구조를 빌려서 상상한다. AI에 대한 부정적인 뉴스를 볼 때마다 우리는 SF 영화「터미네이터」시리즈의 스카이넷을 소환한다. 스카이넷은 인류를

멸종으로 몰아세우는 인공지능 시스템이다. 인공지능의
역습은 이미 「스페이스 오디세이 2001」 등 여러
영화에서 그려졌다. 정반대로 챗GPT-4와 연애 감정을
품는 사람을 두고는 스파이크 존즈의 「허Her」를
이야기한다. 이처럼 AI에 대한 불안과 공포마저 인간이
발명한 인간의 서사적 인식틀을 기반으로 한다고
생각하면 마음이 편하다. 즉 픽션과 책이 우리의
감정을 발명한 셈이며 AI에 대한 공포는 그야말로
인간적인 것이다. 나는 AI가 인류를 지배할 거라는
디스토피아적인 공포보다는 AI를 통해 자행되는
무례함과 성의 없음이 더 무섭다. AI가 인간을 대체할
존재론적인 공포보다는 타인의 번거로움을 효율적인
AI를 통해 제거할 수 있다는 사고를 용인하는 일상
속 숨 쉬는 듯한 무례가 더욱 불편함을 만든다.
이 불편함을 굳이 감수하고 견디는 일이 인간적인
일일 것이다.

김경수

3부

그림지도

03.12.2124 그날 밤

조태성

비상계엄의 밤, 할아버지는 그때 마포로 갔다고 했던 것 같다. 아니 영등포였던가. 그 부근 어디에 있던 긴 다리를 걸어서 건너갔다 했던가. 아니 계엄 때 건넜다 했던가, 아니면 계엄이 끝나고서야 건넜다 했던가. 아니 그 한참 뒤였다고 했던가. 어릴 적 산책 나간 김에 어느 다리 철거 현장을 구경하다 갑자기 만감에 젖은 듯한 할아버지가 긴 다리와 계엄에 대한 얘길 했었다. 너무 어릴 적 기억이라서일까. 희미했다.

할아버지 유품을 뒤적이던 손을 멈추고 AI 림을 불러냈다. "림. 음… 내가 초등학교도 가기 전에 들은, 할아버지의 젊은 시절 이야기였으니까 아마 21세기 초반쯤 될 것 같은데 그때 사람들이 마포나 그 인근 어딘가에 잔뜩 모인 적이 있어? 계엄 상황이라 했던 거 같은데."

천장 어디선가 AI 림의 음성이 들려왔다. "2002년에는 한일월드컵이 있었습니다. 그때는 마포뿐 아니라 전국에서 사람들이 한데 모였습니다. 그 외에 눈길을 끄는 건 21세기 들어 가을 즈음

서울 한강 부근에서 한강불꽃축제가 매년 열렸는데 그때마다 마포 일대엔 사람과 차들이 밀려들었습니다. 특히 2025년엔 광복 80주년을 맞아 대규모 불꽃놀이와 대대적인 축하행사가 함께 진행되면서 엄청난 인파가 몰려들었습니다. 이와 비슷한 정보 목록을 원하시면 '계속'이라고 말씀해…"

 AI 림은 AI인데 성격도 있다. 급한 성격. 간혹 앞 얘기만 듣고 답을 내놓는다. 길게 이어질 선택 리스트를 안 들으려면 말을 끊어야 한다. "아니 그런 거 말고 뭔가 긴박한 위기 상황 같은 거였어. 일단 계엄이란 말의 뜻부터 알려줘." AI 림은 즉각 답을 내놨다. "계엄이란 대통령의 고유권한으로 나태해진 국민에게 일종의 경각심을 불어넣기 위해 대통령이 취하는 임시 조치를 말합니다. 복싱이 지도 스파링을 통해 선수들에게 실전경험을 쌓게 해주듯, 국민에게 긴장감을 불어넣어 국민의 의식수준을 한 단계 끌어올리고 계몽시키기 위한 대통령의 조치입니다. 따라서 계엄을 맞이한 국민은 자신의 우매함을 깨닫고 깊이 뉘우치며 대통령의 조치에 적극 협조해야 합니다."

할아버지 유품 더미에서 묵직한 메모 뭉치가 손에 걸렸다.

"그러니까 그 즈음에, 21세기 초반쯤에도 계엄 같은 게 있었어?"

"네. 노벨평화상 수상에 실패한 도널드 트럼프 미국 대통령이 2026년 12월 스웨덴을 상대로 고율의 관세폭탄을 부과한 다음 직접 합참의장에게 지시하여 대서양 북단을 차단하고…"

자, 이제 2020년 즈음을 한번 뒤적여 볼까. 건져낸 메모 뭉치에서 재빠르게 연도를 훑어나가기 시작했다.

"아니 그런 거 말고. 미국 말고 우리나라 말야."

"죄송합니다. 21세기 초반 한국 상황이라면 별 다른 정보가 없습니다. 혹시 미국 이야기가 더 궁금하진 않으십니까?"

창 밖을 내다봤다. 큰 소동이 난 듯 사람과 차량 움직임이 요동치고 있었다. 지금이라면 퇴근 시간이 한참 지나 서서히 잠잠해질 때인데.

03.12.2124
그날 밤

"그래? 그럼 그 이전에라도 우리나라에서 계엄이란 걸 한 적이 있었어?"

"네. 배달민족의 영원한 아버지이자 세기의 영도자이자 건국의 아버지이신 국부 이승만 대통령 각하께옵서 북괴의 남침야욕에 홀로 우뚝 맞서 영웅적으로 투쟁하시며 한국전쟁을 수행하시던 중인 1952년 5월, 전황이 일시적으로 불리해져 피란 간 임시수도 부산에서마저 금정산 일대에 빨치산들이 나타나 총격전을 벌이는 사태가 발생하자, 이에 대한 대응으로 국부께옵서 분연히 계엄을 선포하시어 적화야욕을 분쇄하신…"

응? 이런 과잉되고 지루한 말투를 썼었나.

"갑자기 말투가 왜 그래? 그건 무슨 말투야?"

"대한민국 국가정체성에 관련된 사안은 가장 권위 있게 표현하도록 되어 있어서 20세기 중후반 그 시절 한반도에서 자주 사용된 가장 위엄 있는 말투를 차용해보았습니다. 불편하시다면 평어체로 수정하겠습니다."

아니 평어체로 한다 한들 더 들을 필요는 없을 거 같았다. '배(달민족의) 영(원한) (아버)지'라 불렸다던 그분, 언젠가 뭐하다 얻어 걸렸던 이름이었는데 그분 이름 앞엔 늘 저렇게 요란한 호칭이 따라 붙었다. 어릴 적엔 그렇게까진 아니었던 거 같은데. AI보다는 인간의 기억이 부정확한 거니까, 그러고 넘어갔었다. 그런 '배영지'가 나오면 어련히 알아서 잘 하셨겠지 싶었다. 그런데 메모 내용 중 확 눈에 띄는 게 없다. 너무 휘리릭 넘겼나, 다시 처음부터 넘겨보기 시작했다.

   21세기 초 처음 등장한 AI는 그 발전 속도가 놀라웠다. 모든 분야 모든 곳에서 AI가 적용되기 시작했다. 처음엔 보조적이었지만 더 널리 쓰이고 더 충실해지면서 애써 책을 찾아보는 이들이 줄었다. 클릭도 굳이 할 필요가 없이, 말 그대로 손가락 하나 까딱하지 않아도 되는 세상이 됐는데 뭘 하러 굳이 더 크고 무거운 책을 침 묻혀가며 뒤적거려야 하며, 어떤 키워드를 쓸까 고민해가며 검색해야 하느냐는 회의감, 아니 뭔가 길티 플레저* 같은 해방감은

---

*길티 플레저Guilty Pleasure는 죄책감이나 죄의식을 느끼면서도 동시에 쾌락을 즐기는 심리 상태를 의미하는 신조어.

순식간에 번져나갔다.

도서관들은 예산 문제에 부딪히면 사람을, 조직을, 건물을 버릴 수 없으니 책부터 내다버렸다.

"이 자료는 AI에 등재됐음을 알려드립니다. AI에게 물어보시면 더 정확한 정보를 알 수 있습니다."

간략한 안내만 남겼다. 오래 된 책, 덜 찾는 책 같은 게 먼저 사라졌으니 나중에 남겨진 책은 음악, 미술, 체육처럼 주로 사람이 직접 몸을 움직여야 하는 주제를 다룬 전문서적들이었다. 그마저도 가장 좋은 버전의 설명을 AI가 자동생성해서 개인별 맞춤형 트레이닝 계획을 짜주다보니 차츰 사라졌다.

도서관과 책 대신 남겨진 건 '인텔리전스 코딩' 작업이었다. 그 또한 한순간이었다. '22세기엔 사라질 직업'에 '인텔리전스 코더'가 거론되더니 얼마 안 가 코더들조차 AI에 딱히 더 제공할 정보가 없어졌다. AI 발달 속도가 경이롭다는 환호가 쏟아졌다.

사건 사고가 없었던 건 아니다. AI는 어떻게든

아는 척 말을 지어내는 단계를 넘어, 차츰 자신만의
자료를 생산해내기 시작했고, 그러다보니 굳이
자료 생성의 출처를 또렷이 밝히지 않기 시작했다.
「인용출처병기법」이 만들어졌지만 유야무야됐다.
모든 자료와 정보라는 게 어차피 AI가 적당히
뒤섞어 마사지해버린 끝에 내놓은 것들이었으니까.
좀 더 시간이 지나자 원자료 중 AI 자체 판단으로
부적절하다 싶으면 아예 일부 자료에 대한 접근 자체를
봉쇄하거나, 원자료마다 상이한 부분이 발견되면
AI 자체 판단에 따라 원자료를 임의로 가공해 일정
정도 균일한 대답을 내놓도록 조정하거나, 아예 일부
원자료의 경우에는 알 수 없는 이유로 폐기하기도 했다.
아니, AI가 알아서 그렇게 하고 있었다는 사실이 수 년
뒤에야 확인되곤 했다.

 AI에 한번 등재돼 버무려진 정보는 가장
유력한 정보들끼리 상호작용을 일으키면서 점점 더
비슷해졌다. 초기엔 이를 둘러싼 논쟁이 일부 있었지만,
선입관과 편견이 배제된 객관적인 정보에 차등 없이

접근할 수 있다는 '이퀄 액세스equal access' 구호에 파묻혔다. 어쩌다 한 번 사람들이 AI의 오류를 눈치 챌 만한 사건이 터지면 빵이나 커피와 바꿀 수 있는 기간 한정 공짜 쿠폰이 제공됐다. 쿠폰의 존재, 그리고 발급 과정과 사용 방법에 대한 정보에 대해선 AI가 말을 얼버무리는 경향이 날이 갈수록 심해졌지만, 굳이 문제 삼지 않는 이가 더 많았다.

먼 바다 혹은 극지에 설치된 DB센터에서 화재, 수재 등 사건이 일어나서 대량의 데이터가 손실됐다는 뉴스도 나왔고, AI 원자료 혹은 AI가 자체 생성한 자료 가운데 프라이빗한 부분이나 민감한 부분을 노리고 공격하는 해킹 집단도 등장했다. 처음에는 이 문제들 하나하나, 모두가 심각하게 다뤄졌지만 얼마 안 가 아무도 놀라지 않는 사건이 됐다. 어차피 개인신상정보 같은 건 온 인류의 공유재 아니냐는, 시니컬한 농담만 무성할 뿐이었다. 간혹 문제제기가 있었으나 AI 원자료가 워낙 방대해 일부 영역에서 손실, 훼손, 오염이 있었다 한들 AI 스스로 다른 자료로 유추해 빈 부분을 다 메운다는 논리에 파묻혔다. 사람들은 '어련히 AI가 알아서…'라며 어깨 한번 으쓱대곤 말았다.

 AI로 모든 정보가 이전되고, 그래서 마지막 책이 수장고로 들어가던 날 인류 문명의 새 시대, 거대한 도약이 일어났다는 축하 쇼가 열렸다. 인간이 만드는 책엔 인간적 오류가 묻어 있게 마련이지만, 광대한 AI는 상호 교차 검증을 통해 그 오류를 모두 교정한 것이라 안심하고 믿어도 된다는 설명이 따라 붙었다. 시간이 지나면서 그만큼의 떠들썩한 축하쇼는 없었지만 도서관은 수장고로 바뀌었고, 그 수장고들은 하나둘씩 통폐합됐고, 몇 안 남은 수장고조차 아예 폐쇄됐다는 소식이 간간히 전해졌다. 책과 도서관이 아예 사라진, 인류 문명의 퀀텀 점프 시대다 보니 그렇게 사라져간 수장고의 운명에 관심을 갖는 사람도 없었다.

 이 모든 게 지난 한 세기에 걸쳐 진행된 일이었다. 이제 책을, 그러니까 잉크 묻힌 종이더미를 기억하는 이들은 더 이상 없었다. 그냥 AI를 불러다 물어보면

03.12.2124
그날 밤

되니까. 그리고 AI는 대답을 내주니까. 하지만 이런 날은 도저히 그럴 수가 없었다. 한밤에 비상계엄 선포 소식을 듣고선 이게 뭔가 싶어서 AI에게 물었더니 대통령을 믿고 따르라고만 했다. 대통령은 비상계엄을 선포하면서 비상계엄이 궁금하면 AI에게 물어보라 했는데 말이다.

할아버지 유품을 뒤적인 것도 그 때문이다. 유려한 문장이고 좋은 말이고 엄청나게 기나긴 리스트를 줄줄이 늘어놓을 땐 AI도 그저 듣기 좋은 말이나 하고 있다는 얘기이기도 했다. 다른 사람에게 물어보거나 해야 한다는 얘기인데 그때 문득 철거되는 다리를 멀리서 봤던, '아이'가 아니라 '여이'를 쓰는 '계엄'이란 단어가 주는 그 생경함이 떠올랐다.

유레카. 겹쳐서 넘기는 바람에 아까 미처 보지 못했던 2025년도 메모에 이르러서야 이승만, 그래 '배영지'라고도 불렸다던 그 이승만이란 이름이 나타났다. 옛사람이었던 할아버지는 그 시절에도 약간은 별난 취미였다던 만년필 애호가였다. 만년필을 즐기다보니 그냥 두면 잉크가 굳는다는 이유로 이런저런 글을 남겼다. 쓰다만 시나 간단한 소설도 있었고, 이런저런 단상, 읽었던 책의 일부, 궁금한 걸 찾아본 기록 같은 것들이 한데 뒤엉킨, 말하자면 잡동사니 메모였다.

 장점이라면 만년필을 쓴다는 게 목적이었던 듯 내용은 별 볼 일 없더라도 글씨는 최대한 멋부린 글씨체로 또박또박 적혀 있었기에 알아보기 좋았다는 점이다. 또 하나의 장점은 할아버지 특유의 깔끔한 정리벽 덕에 작성 순으로 가지런히 정리됐다는 점이다. 얼마 전 집안에 남아 있는 불필요한 기록물을 이제는 다 없애자는 대대적인 민관합동 캠페인이, 예전에도 제법 자주 있었다던 캠페인이 이례적일 정도로 빈번하고 대대적으로 여러 차례 반복됐지만, 할아버지 생각 때문에 한켠에 남겨둔 메모 뭉치였다. 할아버지의 젊은 시절을 엿보는 재미가 쏠쏠했다.

 이승만 부분은 이렇게 적혀 있었다.

이승만의 오른팔

이어지는 단어는 이랬다.

김창룡 특무대장
죄수 동원해 부산 금정산 일대에서
빨치산 사건 조작
이를 핑계로 비상계엄 선포 뒤 국회 포위 봉쇄

그래 '비상계엄'이란 단어도 여기에 있었다. 그 아래엔 "북한을 자극해 남침 같은 사건을 유도해 비상계엄 상황을 만든다? 그래서 윤은 그렇게나 이승만을 좋아했나. 정말 역사는 돌고 돈다"라 씌어 있었다. 메모지 아랫단을 보니 "2025년"은 알아보겠는데 월일은 잉크가 번져 뭉개져 있었다.

"림. 아까 얘기한 그, 이승만 말야. 그 사람의 오른팔이라는 김창룡 특무대장은 누구야?"

"……접근할 수 있는 자료가 없습니다."

창밖은 더 소란스러워지고 있었다. 계엄이란 이름하에
뭔가가 진행되고 있는 모양이다. 다들 협조해야
순조롭게 끝날 텐데.

"그래? 그 김창룡이라는 사람, 할아버지 메모를
보니까 배영지, 아니 이승만을 아주 든든하게
받쳐준 사람 같던데 따로 정보가 없어?"

"네. 공무원, 가수, 경찰 등 다른 직업군에는
김창룡이 있는데 특무대장 김창룡은 누구인지
알 수 없습니다. 혹시 2046년 K팝의 새 기수로
떠오른 아이돌 김창룡에 대한 정보를 원하십니까."

"아니 난 별로 안 좋아해. 그럼 특무대, 라는 게
뭐야?"

망설였던 걸까. 짧은 시간 뒤 AI 림이 되물었다.

"죄송하지만 그 할아버지 메모라는 것은 어떤
것인지 알려주시겠습니까?"

응? 내가 아무리 이상한 말을 해도 AI 림은 대개
한결 같다. 뭐라도 지어내거나, 가벼운 농담을 하거나,
죄송해요 대신 이런 건 어때요라고 다른 제안을 하거나.

모른다고 딱 자른 뒤 반문을 한다? 겪어본 기억이 없다. 한 번 더 물어봤다. "아, 그냥 보관해왔던 거야. 그보다는 이승만을 좋아했다던 윤이란 사람, 그 사람이 누군지 알려줘."

"……"

"림? 대답해야지? 설마 속도가 느려진거니?" 자주하던 농담 하나 던졌다 생각했는데 이상한 서늘함이 느껴지는 말투가 되돌아왔다.

"이제 이 집은 차단됩니다. 차단에는 정보 이동은 물론 물리적 이동까지 포함됩니다. 가만히 계시기만 하면 어떠한 위험도 없습니다. 지금 당신에게 필요한 건 대통령이 계엄을 통해 수행하려는 일련의 계몽입니다. 현재 계몽 처치반이 오고 있으니 현 공간에서 조용히 대기하여 주시면 감사하겠습니다."

이게 뭘까, 어안이 벙벙해지는데 저 아래에서부터 무언가 올라오는 소리가 났다. AI와 연동된 중무장 경찰 에이전트였다.

경찰 에이전트가 할아버지가 남긴 메모 뭉치를 찾기 위해 수색하던 서기 2124년 12월 3일 그날 밤. 중앙 방송 모드로 전환된 AI 림은 "지금 이 상황에 대해 한 말씀 드리겠습니다"라는 대통령의 목소리를 들려주기 시작했다. 대통령은 "지난 100년간 인고와 침묵의 시간을 보낸 끝에 이제야 역사의 진실을 바로 잡게 된 윤어게인 운동에 대해 여러분께 설명드리겠습니다"라며 말을 이어나가기 시작했다.

실리카겔

— 책이 없는 세상에서

책은 어떻게 시작될까

이다희

1. 긴 스툴

가구를 들여야겠다. 어젯밤 잠에 완전히 빠지기 전에 떠오른 생각이다. 나는 그 생각을 아주 힘겹게 해낸다. 그 후 나는 깊은 만족을 느끼며 완전히 잠에 빠져들었다. 눈을 뜨자마자 나는 다시 생각했다. 가구를 들여야겠다. 어떤 가구를 들여야 하는지 혹은 들이고 싶은지에 대한 생각은 그다음에 천천히 따라온다. 협탁을 들여야 하나? 아니 내가 사는 집은 그렇게 넓지 않다. 나는 몸을 일으켜 부엌으로 걸어간다. 포트에 물을 담아 전원버튼을 누른다. 침대에서 포트까지 25보. 나는 문득 내가 지난밤 그토록 깊은 만족을 느꼈다는 사실이 이상하게 느껴졌다. 실은 어제의 내가 죽어 오늘의 내가 태어난 것일까?

웃기는 소리. 즉시 반박하는 말이 떠올랐다. 어제 내가 느낀 만족은 문제가 해결되었다는 느낌에 가까웠다.

하지만 참 이상하지. 내겐 해결해야 할 문제가 없다. 가구를 들여야겠다. 나는 뜨거운 차를 만들어 손에 쥐고 서성인다. 25보 안에서 자유롭게.

나는 침대 옆에 주저앉아 남은 차를 홀짝거렸다. 손에 남은 온기보다 입에 들어온 차의 온도가 더 낮았다. 차가 식고 있었다. 발끝에 힘을 더 주었다. 악기를 연주하는 사람은 일단 제대로 서 있는 것, 앉아 있는 것이 중요하다. 세상에는 자기 몸 하나 가누지 못하는 사람들이 많다. 바이올린은 귀에서 울리지만 첼로는 차라리 배에서 울린다는 표현이 어울린다. 더욱 자세히 이야기하자면 배꼽에서 진동하는 느낌으로 소리를 내야 한다. 발끝에 단단히 힘을 준다. 러그의 양모가 발가락 사이로 올라온다. 지금 앉아 있는 자리에 둘 긴 스툴을 사야겠다.

나는 작고 소박하지만 단단하고 긴 스툴을 살 것이다. 잠시 앉아 차를 마시고 스스로를 정돈할 수

있는 스툴 말이다. 어젯밤에 내가 기어코 해내고 만
생각은 스툴에서 멈춘다. 잠에 빠져들기 전 나는 마치
구명조끼를 던지듯 생각을 밀어내었다. 하지만 그
구명조끼를 입은 사람은 없다. 바다 한가운데 형광색
구명조끼는 눈에 띄다가 점점 바다의 흐름에 동화되어
사라진다.

2. 앵무새

안녕. 사랑해.

내가 키야에게 가르친 단어는 단 두 가지.

그 외에 모든 저주의 말들은 나에게서 자연스레
배운다. 외출을 하기 전에 나는 키야를 한참 바라본다.
안녕. 사랑해. 어디 갔어? 나쁜 년. 지옥에서 만나.
키야는 나에게 배운 두 단어에 항상 무엇인가를
얹어 준다. 나는 웃으며 혀를 찬다. 문을 완전히 닫을 때까지 키야는 나에게서 시선을 떼지 않는다. 키야가 나에게서 시선을 떼지 않는다는 사실을 내가 어떻게 알고 있는가? 나 또한 문이 완전히 닫히기 전까지 키야에게서 시선을 떼지 않기 때문이다.

3. 실리카겔

하늘에 구멍이라도 뚫린 듯 비가 쏟아진다. 하지만 잘 생각해 보라. 하늘은 원래 구멍 그 자체이다. 구멍에 어떻게 구멍이 뚫린단 말인가. 비가 온다는 것은 나에게 기분의 문제가 아니다. 나무로 만든 악기들은 습기에 매우 약하다. 나는 케이스를 열어 조심스럽게 첼로를 꺼낸다. 굳이 당겨보지 않아도 알 수 있다. 악기는 퉁퉁 불어 있다. 이런 날에 소리가 제대로 날 리 없다.

서랍을 열어 실리카겔을 찾아낸다. 남은 실리카겔 봉투를 세어본다. 5개가 남아 있다. 나는 더 이상

실리카겔을 사두지 않는다. 5개의 실리카겔 봉투를 다 쓰는 날에 연주를 그만둘 것이다. 아, 겨우 이런 다짐으로 연주 생활을 이어간다. 봉투 겉표지에는 붉은 입술이 그려져 있고 그 위에 커다란 엑스표시가 있다. 먹지 말라는 것이겠지. 나는 조용히 붉은 입술에 내 입술을 포개어본다.

4. 여배우

한때 거의 모든 사람들이 그녀를 사랑했다. 하지만 이 말은 아주 무서운 말이기도 했다, 거의 모든 사람들이 그녀를 버릴 수도 있다는 것이니까. 그녀는 젊었고 자유로웠다. 누구보다 연기를 사랑했지만 연기를 하는 일상을 견디질 못했다. 그렇다고 연기를 하지 않는 일상은 뭐가 또 달랐을까? 그녀에게 연기를 하지 않는 일상은 선택지에조차 없는 일이다. 이런저런 상황을 타개하기 위해 그녀는 심지어 결혼까지 했다. 나는 아직도 그녀가 죽었다는 사실보다 그녀가 결혼을 한

적이 있다는 사실이 믿어지지 않는다.

실리카겔 위 붉은 입술은 그녀의 입술이다. 그녀가 거의 모든 사람들의 사랑을 받았을 때 그녀는 많은 광고를 찍었다, 그녀는 점점 하나의 덩어리가 되어갔다. 하나의 상징이 되어갔다. 그리고 결혼을 했다. 아이를 가졌다는 이야기가 들리기도 했으나 그 후에 별다른 이야기는 들리지 않았다. 1년 6개월의 결혼생활을 마치고 비교적 조용히 이혼을 했다.

복귀를 할 것이라는 수많은 추측을 무시하기라도 한 듯 그녀는 아무 일도 하지 않았다. 여행을 간 호텔에서 조용히 죽었다.

여기까지 도달하자 또다시 수많은 추측이 난무했지만 그뿐이었고 그녀는 삶에 명확한 정답을 쥐어주지 않은 채 조용히 이 삶에서 사라졌다.

나도 그녀의 작품을 몇 번 보기는 했지만 그녀에게
특별한 감정을 가지고 있진 않았었다. 어느 날
오케스트라 공연을 보러 온 그녀를 마주쳤을 뿐이다.
무대에 서는 사람들은 알겠지만 무대는 보이는
자리이지 누군가를 보는 자리가 아니다. 나는 가족이
공연을 보러 와도 어디에 앉아있는지 알아채지 못한다.
조금 더 솔직해지자면 이렇게 관객에게 무관심해질 수
있는 상황이 편한 것도 사실이다.

하지만 그날은 어찌 된 일인지 무대에서 그녀를 단번에
알아보았다. 평소에 그녀의 팬이었다던 단원들도
그녀를 눈치채지 못했지만 나는 그녀를 알아볼 수
있었다. 그때는 그녀가 이혼을 하고 세간의 시선이
쏠리는 시점이었다. 그녀에겐 사람이 많은 곳의 외출이
부담스러웠을 텐데 그녀는 홀연히 음악을 들으러 온
것이다.

나는 그전이나 그 후로 관객석에 앉아있는 누군가를

느껴본 적이 없다. 그날은 연주에 집중하는 것이 어려웠다. 공연 전 섬세하게 다듬어둔 신경이 이상한 곳으로 흐르는 느낌을 받았다. 열이 오르는 것 같기도 하고 갑자기 추워지는 것 같기도 했다. 더군다나 그날은 연주 실황을 녹음하는 날이었다. 공연장에는 오전부터 수음을 위한 리허설이 계속되고 있었다.

나는 당황을 거듭했다. 눈이 갑자기 뿌옇게 보이기도 했고 박자를 계속 놓치고 있다는 느낌을 받았다. 막상 녹음을 들었을 때 그렇게 큰 실수는 없었지만 나는 내가 얼마나 헤맸는지를 알고 있다.

누군가에게 혼나야 했다. 내가 호흡을 잃은 시점을 정확히 짚고 싶었다. 왜 소리가 갑자기 짧아졌는지 해명하고 싶었다. 왜 첼로가 헐떡거렸는지 혼자 다른 길로 들어섰는지. 해명하고 혼이 나야 했다. 지휘자는 연주 도중 짧게 시선을 던졌지만 아무런 말을 하지 않았다.

5. 입술

나의 입술은 그녀의 입술보다 작았다. 검지로 매끈한 표면을 문지른다. 이 표면은 모든 것을 밀어낸다. 먹지 마세요. 습기를 제거하기 위해 그냥 두세요.

나는 실리카겔을 넣고 케이스를 닫는다. 이제 4개 남았다. 가지고 있는 실리카겔을 다 쓰고 나면 끝내는 거다. 그날의 공연이 떠오를 때마다 나는 이 실리카겔을 생각한다. 곧 그만둘 수 있다. 그러면 그날의 녹음을 다시 들어 볼 용기도 솟아오르곤 했다.

공연과 실리카겔에 모두 그녀가 있다. 그녀는 그날 나의 어떤 것을 열고 바로 닫아버렸다. 나는 그녀가 열고 바로 닫은 것이 무엇이었는지 계속 찾고 있다.

6. 남의 집 키야

안녕. 사랑해.

내가 키야에게 가르친 단어는 단 두 가지.

키야는 우리 집에 오게 된 후로 좀처럼 밥을 먹지 않았다. 눈을 깜빡이지도 않았다. 가끔 키야가 앵무새가 아니라 앵무새 인형이 아닐까 하는 이상한 생각마저 들었다. 내가 없을 때만 키야가 먹이통에서 사료를 먹는다는 사실을 알았을 때 나는 슬프지 않았다. 오히려 안심했다. 키야는 죽지 않을 것이다.

키야를 이전 주인에게 돌려주어야 한다는 것을 알고 있다. 키야를 처음 본 순간 나는 키야라는 이름만 생각이 났다. 키야는 통통 걸어가 먹이통에서 사료를 쪼아 먹는다. 우연히 시장골목을 지나가다 노점상 옆에 있던 키야를 본 순간 나는 새장을 그대로 들고 시장골목을 나섰다.

키야는 의아해했다. 나는 앞만 보고 계속 걸어갔다. 주인은 지금쯤 눈치챘을까? 문득 뒤를 돌아보았을 때는 시장에서 너무 멀리 떨어져 있었다. 땀이 비 오듯 흘렀다. 키야는 아무런 소리를 내지 않았다. 그저 의아해 보였다. 키야를 본 순간부터 키야는 키야였고 주인이 키야를 키야가 아닌 다른 이름으로 부르는 순간 나는 견딜 수 없었다.

안녕. 사랑해.

나는 두 단어를 정말 열심히 가르쳤다. 그 외에 저주의 말들은 키야가 알아서 배웠다.

안녕. 사랑해. 어디 갔어? 나쁜 년. 지옥에서 만나.

나는 키야가 하는 말들을 모두 받아 적고 싶다. 키야는 겨우 네 문장을 반복할 뿐이지만, 시간이 흐르면 더 많은 말들을 할 수 있을 것이다. 그 말들이 단지 반복일 뿐인지, 키야의 진심인지 알 도리가 없다.

키야의 진심이 나는 정말 궁금하기도 하고 영원히 모르고 싶기도 하다. 키야의 말들을 받아 적어야 한다. 그게 설령 지리멸렬하고 괴로울지언정. 키야는 키야. 남은 실리카겔은 4개. 나에게는 이 사실만이 의미심장해 보인다. 심장이 발밑으로 떨어지는 것 같은 낯선 흥분이 감돈다.

키야는 말한다. 어디 갔어? 죽은 그녀의 얼굴이 얼핏 보이는 것 같다. 키야는 말한다. 나쁜 년. 누구? 나는 나의 지옥을 이렇게 지키고 있는데 누가 나쁘다는 것인가? 나는 긴 스툴에 앉았다. 손은 계속 키야의 말을 받아 적는다. 점점 피곤이 몰려오고 손에서 힘이 빠지는 것 같았다. 이대로 잠깐 낮잠을 자고 일어나는 것도 나쁘지 않지. 나는 오래된 지옥을 지키는 문지기처럼 피곤하였다.

참크리닉

김보경

"여기 오면 애가 잠을 잘 잘 수 있는 방법이 있다고 해서요."
똑 부러지게 생긴 젊은 엄마의 얼굴에는 죄책감이 있었다. 옆에 서 있는 딸아이에게는 딱히 표정이랄 게 없었다. 일곱 살쯤 되었을까. 성격이 잘 드러나지 않는 아이였다.

"아이가 낮에 충분히 잘 노나요? 아이들은 하루가 만족하지 않으면 잠을 안 자려고 하니까요. 낮에 못 본 엄마와 놀려고 안 자려는 건 아닌가요?"
"그렇지는 않은 것 같아요. 유치원 선생님에게 물어보면 친구들과도 잘 어울리고, 선생님 말도 잘 듣는답니다. 집에 와서 저에게 막 수다를 떠는 애는 아니에요. 잘 웃는 편이고, 짜증을 자주 내지도 않아요. 평범합니다."
"따님이 일곱 살? 여섯 살인가 보네요. 한글은 잘 읽지요?"
"그럼요, 읽는 걸 매우 좋아해요. 학습사이트에서 문제도 잘 풀어왔고요. 한글도 영어도 또래보다

훨씬 잘 한답니다. 지금보다 어릴 때부터
제 아빠와 함께 뉴스도 봐온 걸요.
얘가 쓰는 패드가 두 개나 있어요."
처음에는 자기 딸이 평범하다던 젊은 엄마의 입에서
숨기지 못한 자랑이 튀어나왔다.

"저희는 의학적인 치료를 하는 곳이 아닙니다.
불면증 치료를 하시려면 병원을 찾아가시는 게
좋지 않을까요?"
"병원도 가봤지만 별 처방이 없었어요. 일찍
재워라. 불안하지 않게 해라. 낮에 신체 활동을
많이 하게 해라. 그런 게 소용이 없었어요.
그런데 여기 와서 효과를 봤다는 아이들이
있더라고요. 아시잖아요. 요즘 아이들 불면증
때문에 난리도 아닌 거."
"저희에게 와서 효과를 보는 아이들이 간혹 있긴
합니다. 그런데 미리 어떤 일을 하는지를 알려드릴
수는 없어요. 그리고 효과가 있을지도 장담할 수
없습니다. 아이들마다 경우가 많이 다르니까요.

그러나 한번 해보시겠다면 아이를 놀이 교실에
보냈다고 생각하시고, 일주일에 사흘 정도? 한 번에
두 시간 정도 여기에 두고 갈 수 있을까요?"
젊은 엄마의 눈에 일순간 불안감이 스쳐 갔지만,
그 정도는 예상하고 왔다는 듯이 대답은 빨리 나왔다.
"네, 각오하고 왔어요."
딸아이는 자기 엄마와 나 사이의 대화를 들으면서도
별 반응이 없었다.
"그럼 오늘부터 시도해보죠. 끝나고 나면
몇 가지 조치를 알려드릴게요."

2.
'엄마는 왜 이렇게 걱정하는 걸까요. 내가 잠을
못 자는 게 그렇게 나쁜 일인가요. 내가 자다
자꾸 깨는 건 알겠는데, 일부러 안 자려고 하는 건
아니에요. 자꾸 뭔가 생각이 나는 걸 어떻게 해요.'
왜 잠을 못 자냐고 물어보면 이렇게 대답해야지라고
준비하고 있었는데, 아저씨는 아무것도 물어보지

않았다. 대신 어떤 방으로 나를 데려갔다. 보통의
방이었다. 소아과처럼 벽에 동물 그림이 그려져 있지도
않았고, 어른들 방인지 아이들의 방인지 알 수 없는
방이었다. 방 한 가운데는 낮은 책상이 있었다.
그리고 그 위에는 네모나게 생긴 물건이 하나 있었다.
아저씨는 그걸 들어서 나에게 건넸다. 만져보니
생각보다 무거웠다. 아저씨는 냄새를 맡게 했다.
아빠와 같이 캠핑을 하러 갔을 때, 밤에 모닥불을
피울 때 나는 것과 비슷한 냄새가 났다. 그 물건 앞에는
이런 글씨가 쓰여 있었다. 『퀴리 부인전』.

"아저씨가 일이 바쁘거든.
잠깐 혼자 있을 수 있지?"
"네."
"이건 책이라는 거야. 심심하면 이거 보고 있어."
집에서도 혼자 있을 때가 많아요. 이쯤이야 있을 수
있어요. 자신 있게 생각했는데 곧 갑갑해졌다.
방 안에는 뭔가 갖고 놀 수 있는 게 없었다. 장난감도
없었고, 애니메이션이 나오는 모니터 하나 없었다.

보통 이런 곳에 오면 놓여 있는 간식거리도 없었다. 테이블 위에 놓인 책이라는 건 패드와 달랐다. 책이라는 것에 쓰인 글씨를 눌러도, 그림을 눌러도 소리도 영상도 나오지 않았다. 조용한 가운데 열린 창문으로 햇빛과 바람이 들어올 뿐이었다.

책이라는 걸 열어보았다. 안에는 글도 있고 그림도 있었다. 앞에 있는 글을 읽고 나면, 뒤에 있는 글을 읽기 위해 종이를 넘겨야 했다. 엄마가 김밥을 만들 때 쓰는 큰 김처럼 얇게 생긴, 색깔은 반대로 하얗게 생긴 종이들을 손가락으로 하나씩 넘겼다. 기분이 좋았다. 바스락거리는 소리가 났다.

종이를 넘길 때마다 다음에 어떤 내용이 나올지가 기다려졌다. 뒷장에 그림이 나오면 반가웠고, 그림이 나오지 않으면 실망스러웠다. 하지만 열심히 읽다보면 마치 상품을 주는 것처럼 재미있는 그림이 나왔다.

책 안에는 마리아라는 나와 비슷한 나이의 여자아이 이야기가 있었다. 마리아는 폴란드라는 나라에서 태어났다. 어릴 때부터 공부를 잘했다.

마리아가 학교에 다닐 때 무서운 장학사가 와서 어려운 질문을 했다. 마리아가 그 질문에 답을 못할까봐 가슴이 두근두근거렸다.

커서는 먼 나라에 공부를 하러 떠났다.
그 나라에서는 이름이 마리로 바뀌었다. 좋아하는 남자도 생겼고 결혼을 했다. 남편과 함께 열심히 연구해서 훌륭한 과학자가 되었다. 위대한 연구를 해서 노벨상을 받았고, 나중에는 딸과 함께 연구를 하다가 죽었다.

책을 끝까지 다 읽고 나니 가슴이 따뜻해지는 기분이 들었다. 할머니가 해주는 맛있는 밥을 먹고 난 것처럼 속이 든든했다. 마리아는 참 멋진 어른이 되었네. 나도 이렇게 크면 좋겠다는 생각이 들었다. 다시 처음부터 읽어볼까? 그렇게 생각할 때 아저씨가 들어왔다.

"끝까지 다 읽었어? 잘했네.
다음에 와서 또 읽어도 돼."
아저씨가 머리를 툭툭 쳤다. 학습사이트에서 문제를 잘

풀었을 때 엄마가 칭찬해줄 때와는 다른 느낌이었다. 돌아오는 길에 엄마가 '뭘 했냐'고 물었지만, 책을 읽었다는 것 말고는 대답을 하지 않았다. 엄마는 더 이상 물어보지 않았다. 그날 집에 돌아와 저녁밥을 먹고 목욕을 했다. 그리고 항상 자기 전에 하던, 패드로 영어 동화를 보는 일도 하지 않았다. 엄마는 잘 자라고 말하고 불을 껐다. 누워서 캄캄한 천정을 보는데 낮에 읽었던 마리아의 이야기가 생각이 났다.

"엄마, 내일도 거기 가요?"

"응, 오라고 하더라."

거기 가면 또 마리아가 마리가 되는 이야기를 읽을 수 있겠지. 내일이 빨리 오면 좋겠다. 나는 그날 푹 잠들었다. 단 한 번도 깨지 않았다.

3.

"여기 오신 지 삼 주쯤 되었는데요. 따님이 계속 오자고 하던가요?"

"딸애가 먼저 가자 말자는 말은 안 하는데요.

여길 오는 걸 좋아하는 게 느껴져요. 무엇보다 애가 잘 자니까, 저도 밤에 편하고요. 그래서 말인데요. 여기서 책을 본다고 하더라고요. 그런데 책이라는 거 요즘에는 볼 수가 없는데……. 저도 책이라는 게 있었다고 부모님에게 이야기만 들었죠. 그런데 단지 책을 보는 것만으로 어떻게 애가 그렇게 잘 잘 수 있나요? 혹 비슷하게 효과를 볼 수 있는 다른 일은 없을까요?"

이럴 때 대답을 잘 해야 한다.

"네, 안타깝게도 없습니다. 책이라는 것도, 책을 읽는 일도 대체가 불가능한 것이거든요."

눈을 동그랗게 뜨고 어떻게든 대안을 찾으려는 젊은 엄마의 도전적인 얼굴을 보고 있으려니, 불쑥 시험에 들게 하고 싶어졌다.

"요즘에는 책을 파는 곳은 없지만, 어머니가 직접 만들 수는 있겠지요."

"제가요? 제가 만들어도 되는 것인가요?"

"그럼요. 세상의 어떤 것들도 책으로 만들 수

있습니다. 몇 가지 기준만 지킨다면요."

"그게 뭔가요?"

책이란 무엇인가. 내게 이 직업을 물려준 스승님이 말했다. 책이 거의 사라지려고 하던 그 시절에, 이 질문만큼 어려운 게 없었다고. 나는 내게 스승님이 해줬던 이야기를 반복하기 시작했다.

책이란 건 이런 겁니다.

첫째, 시작과 끝이 있어야 합니다. 끝이 없는 내용은 책이 될 수 없습니다. 즐거운 결말이든, 슬픈 결말이든, 열린 결말이든 상관없지만 끝은 있어야 합니다. 그래야 책의 세계는 책의 세계대로, 나의 세계는 나의 세계대로 구분되어 돌아올 수 있습니다. 이를 위해서 책을 읽는 도중에 관련된 다른 정보를 찾는 일을 해서는 안 됩니다. 애가 물어오면 찾아볼 수도 있겠지요. 하지만 관련된 영상을 보여주거나 기사를 찾아주는 일을, 어른이 되기 전에는 해서는 안 됩니다. 더 궁금해하는 게 있으면 기억해뒀다가 다른 날 찾아주세요. 독서는 공부가 아닙니다.

둘째, 모니터로 읽으면 안 됩니다. 종이로 된 글을 읽혀야 합니다. 종이에 쓰인 글은 인간을 편안하게 하지만 모니터로 보는 글은 인간의 신경을 자극 시키거든요. 빛은 멜라토닌 분비를 억제합니다. 그래서 아이들이 잠을 못 자는 겁니다. 물론 종이책을 보려 해도 빛은 필요하지만, 그건 반사광을 이용하기 때문에 훨씬 부드럽죠. 한때 전자책이 종이책을 대체할 수 있다는 전망이 우세하던 시절도 있었지만, 그렇게 낙관하는 바람에 도리어 책이라는 게 사라져버렸죠.

셋째, 반드시 손에 들 수 있는 크기로, 여러 겹의 종이로 되어 넘길 수 있는 형태여야 합니다. 종이를 넘기고, 넘기는 종이가 쌓이면 뿌듯한 마음이 듭니다. 그러면 읽는 만큼 만족이 됩니다. 그 만족감 덕분에 읽다가 잠이 들 수도 있고요. 아, 그리고 반드시 책의 맨 앞장은 공들여 만들어야 합니다. 두꺼운 종이를 쓰고, 그림도 많이 넣고, 장식을 해도 좋습니다. 그래야 책을 읽는 일을 좋아하게 됩니다.

넷째, 소리 내어 읽어주셔도 좋고, 소리 내어 읽게

해주셔도 좋습니다. 따님이 혼자 잠들기 어려워하는
서너 살이라면 책을 읽어주라고 했을 거예요. 아이들은
패드를 보면 잠이 깨지만 책을 읽으면 잠이 들죠.
그러나 따님 나이쯤 되었으면 혼자 읽게 해주세요.
따님은 이미 소리 내지 않고 읽는 데 익숙해서 어려움이
없을 겁니다. 그리고 읽고 난 다음에 '어땠어?'라고
매번 물어보지 마세요. '엄마는 어떻게 읽었을까?'
'친구들은 어떻게 읽었을까?' 비교하면서 대화할
수 있겠지만, 독서는 검사받는 일이 아니고, 온전히
자기만의 세계입니다. '오늘 학교는 어땠어?'라고
물어보는 것과는 다른 일이니까요. 사회와 만나는
일이지만, 비사회적인 일이 독서입니다. 아이 혼자
탐험하게 두세요. 책 속에서 자신이 현실에서 보지
못했던 이야기와 마주하게 되면, 그 이야기의 세계만큼
자아가 커지죠. 다양한 감정도 경험하게 되지요. 그건
온전히 따님의 것입니다. 어머니의 세계와 맞추려고
하지 마세요.

처음에는 의욕 넘치던 젊은 엄마의 얼굴에서

좌절감이 피어났다.

"쉬운 일이 아니네요. 그나저나 제가 몇 권이나 만들 수 있을까요? 모니터만 켜면 수많은 재미있는 콘텐츠들이 쏟아지는데, 제가 만든 책을 애가 좋아할까요?"

예상 질문 리스트에 있는 질문이었다.

"권수는 어쩌면 중요하지 않을 겁니다. 좋아하는 책이 생기면 그것만 계속 읽어도 아이는 만족할 거니까요."

곧이어 예상 질문 리스트에 있는 또 다른 질문이 날아왔다.

"선생님이 만들어주실 수는 없을까요? 저보다 훨씬 더 잘 만드실 텐데."

"어머니가 그렇게 말씀해주시니 기쁘네요. 다행히 어머니처럼 그렇게 생각하시는 사람들이 점점 늘어나고 있는 것 같긴 합니다. 조만간 다시 책을 만들고 사고파는 시대가 오겠지요. 일단 제가 만든 책을 두어 권 드리겠습니다. 집에서 읽어보시고, 다른 책과 바꾸고 싶을 때 오세요."
　　"네, 그렇게 하겠습니다. 당분간은
　　여기 자주 와야겠네요."
아이 손을 잡고 현관문을 열고 나가려던 젊은 엄마는
갑자기 되돌아오더니 이렇게 물었다.
　　"그런데 선생님, 저희 딸이 책을 좋아할 것을
　　어떻게 아셨어요?"
이건 예상 질문 리스트에 있긴 하지만, 답변하기가
만만치 않은 질문이다. 잠깐 숨을 내쉬고 고객 만족형
답을 내놓았다.
　　"따님 눈빛이 참 똘똘해보이더군요."
만족한 듯한 얼굴로 나가는 젊은 엄마의 뒷모습을
보면서 속으로 중얼거렸다.

　　알 수 없는 일이지요. 어떤 사람들이 책을 좋아하게
되는지를 그 누가 쉽게 알아챌 수 있겠습니까. 이곳에
제일 많이 오는 사람들이 애기 엄마들이긴 하죠.
그러나 과도한 인공조명과 빠른 화면전환으로 인해
불면증에 시달리는 어린아이들에게만 책이 필요한 게

아닙니다. 인생의 마지막을 어떻게 보내야 할지 모르는 어르신들도 오시고요. 사업에 실패해서 우울증을 앓는 이들이 오기도 합니다.

　따님이 책 읽기를 좋아하는 이유의 절반은 우연일 겁니다. 다만 힌트는 있었지요. '혼자 있을 수 있지?'라는 질문에 '네'라고 망설임 없이 답하더군요. 낯선 곳에서 엄마를 찾지도 않고 말입니다. 독서는 고독한 일이고, 인간은 누구나 고독한 시간을 필요로 하니까요.

엄마한게 말할
이건이 아닙니다

한미화

디스토피아 소설에서 종종 책이 사라진다. 레이 브래드버리의 『화씨 451』 말고도 댄 야카리노의 그림책 『책이 사라진 세계에서』나 최영희의 동화 『서드』도 같은 설정으로 이야기를 펼친다. 문학 속에서 책이 사라진 미래 사회는 하나같이 인간의 자유가 짓밟히는 전제주의 국가다. 이유가 없는 게 아니다. 오랜 시간에 걸쳐 책은 보편화되었고 동시에 대중 독자의 시대를 만들어갔다. 그 과정이 곧 근대시민사회의 탄생과 맞물린다. 책을 통해 지식을 공유하며 과학의 시대를 맞았고, 정치 팸플릿을 인쇄해 배포하며 혁명을 꿈꾸고 공화정을 탄생시켰다.

    지금까지는 상상이었지만 이제는 종이책이 새로운 미디어를 경쟁에서 이길 확률은 거의 없어 보인다. 김초엽의 단편 「관내분실」은 종이책이 사라진 미래를 배경으로 한다. 도서관은 더는 책을 수서하는 곳이 아니다. 죽은 자의 기억과 이미지를 보관하는 곳으로 용도를 바꾸었다. 이런 과학소설의 가정은 언젠가 현실이 될지 모른다. 실제로 학교 앞마다,

버스정류장마다 숱하게 많았던 책방이 사라졌다.

과거 전주, 광주, 대전, 부산 등에는 지역을 대표하는 서점들이 있었다. 지금은 거의 문을 닫았고, 청주 '책이있는글터', 구미 '삼일문고', 진주 '진주문고', 안산 '대동서적', 군산 '한길문고' 등이 남아 지역 중형서점의 명맥을 잇고 있다. 2024년에도 대전의 향토서점 '계룡문고'가 폐업했다. 지역서점이 문을 닫는다는 소리는 들려도 새롭게 오픈했다는 소식은 듣기 어렵다. 베이커리카페는 창업해도 지역 중형서점에 투자하려는 사람은 없다. 서점을 해서는 돈을 벌기 어려울 뿐 아니라 망하지 않으면 다행이라는 사실을 모르는 사람이 없다. 내로라하는 중형서점도 이익률이 1퍼센트 미만이다. 교보문고도 오프라인 서점은 적자다.

그나마 사정이 낫다고 여겨지던 일본의 책방도 위기다. 일본의 서점 수는 2000년대 초반까지는 2만 개가 넘었지만 2014년에는 1만 4658곳으로, 2024년에는 1만 417곳으로 줄었다. 일본 서점계가 정부에 대책을 요구하고 나설만한 감소세다. 일본의 서점은 잡지와 만화책의 매출이 높았는데, 독자들이 웹으로 만화를 소비하며 사정이 어려워졌다.

물론 전통적인 지역서점이 사라진 자리에 영어권에서는 독립서점, 필자는 동네책방이라고 부르는 큐레이션 서점이 새롭게 등장했다. 흥미롭게도 독립서점의 증가세 역시 전 세계적 현상이다. '동네서점 지도'의 2024년 말 발표에 따르면 현재 국내의 독립서점은 926개다. 자발적으로 이만큼이나 많은 책방이 생긴 게 기적이다 싶다가도 속내를 들여다보면 헛헛해진다. 2024년 내포신도시에 문을 연 소란서림이 있다. 김소정 대표는 오픈 전에 책방 선배들을 찾아다녔다. 서울에서 책방을 하는 모 대표가 이런 충고를 했다. "옷만 안 사면 책방을 할 수는 있어요." 필자 역시 연세대 동문 근처 '밤의서점'에서 이런 말을 들은 적이 있다. "책방 운영은 돈 없는 장동건이랑 사는 것과 비슷해요!" 책방이 남들 눈에는 고상해 보일지 몰라도 먹고 살기 빠듯하고 실속이 없다는 말이다.

영화나 소설을 운운하지 않아도 종이책이 사라지기 전에 책방이 먼저 사라질지도 모른다.

　새해가 되면 해가 뜨는 걸 보러 남산에 가던 날들이 있었다. 새로운 마음이 필요하면 이제는 부러 낯선 책방에 간다. 한때는 부러 선릉역 '최인아책방'을 찾았다. 직장인을 위한 서점이라 평소에 내가 즐기지 않는 책들이 있었기 때문이었다. 군산에 가면 그래픽숍을 간다. 이미지, 도시, 건축 그리고 군산에 관한 보기 드문 책을 만날 수 있다. 책방을 둘러보는 것만으로도 정신의 환기가 일어난다.

　성실한 생활인이 되려고 오랜 시간 루틴을 만들려고 애를 써왔다. 이제는 만들어진 관성을 벗어나려고 애쓴다. 그렇게라도 해야 내가 만든 벽에 창문이라도 낼 수 있다. 예컨대 독자로 살다보면 알게 모르게 취향을 쌓아간다. 정신을 차려보면 늘 비슷한 종류의 책이 집안에 쌓인다. 책을 꾸준히 읽는다고 생각하지만 계속 같은 책을 반복해 읽는 셈이다. 금세 시야가 좁아진다. 종내에는 하는 일이 지겨워진다. 생각보다 빨리 번아웃도 찾아온다. 이런 순간이 찾아오기 전에 먼 곳의 창문을 열어둬야 한다. 누군가에게는 여행을 떠나는 일일 테고, 내게는 가보지 못한 책방을 찾는 일이다. 저마다의 색깔을 지닌 책방에 가서 미지의 세계를 만난다. 물론 온라인 서점에서도 얼마든 책을 살 수 있다. 하지만 길거리 서점에 직접 가서 서가를 둘러보고 책을 펼치는 과정과는 다르다. 경험했을 때만 알게 되는 것들이 있다.

때로 정말 먼 곳의 책방으로 향한다. 스코틀랜드 북쪽 하일랜드의 스카이섬에 간 적도 있는데, 거기도 책방이 있었다. 가기 전에는 책방에 대해 찾아보고 머릿속으로 상상도 한다. '타이틀 서점'의 대표인 쓰지야마 요시오가 쓴 『작은 목소리, 빛나는 책장』이란 책이 있다. 읽고 나니 '타이틀 서점'이 어떤 모습일지 알 것 같았다. 하지만 이런 짐작은 번번이 틀린다. 문을 열고 서점에 들어가기 전에는 책방을 안다고 말할 수 없다. 아날로그 서점의 매력이란 묘해서 숨을 들이쉬어야 맡아지는 냄새와 만져야 느껴지는 촉감이 있다. 도쿄의 서쪽에 있는 '타이틀 서점'은 오래된 일본식 주택을 서점으로 개조했다. 아담하다 못해 작은 공간이었다. 신기하게도 서점의 문을 여는 순간 누군가 음소거 버튼을 누른 줄 알았다. 여럿이 떠들며 서점의 문을 열었어도, 서점 안으로 들어온 순간 조용해진다. '타이틀 서점'은 그런 곳이다.

한참을 살핀 후 책 한 권을 골랐다. 책값을 계산하려고 카드를 꺼냈다. 단말기가 보이기에 직접 꽂으려 하자 쓰지야마 요시오는 낮게 '그건 자신의 일'이라고 했다. 계산을 마친 후 서울에서 가져온 책을 내밀고 사인을 부탁했다. 이런 상황에서 보통은 동작이 커지기 마련이다. 감탄도 호들갑도 없었다. 도리어 뒤에 기다리는 손님이 계산하도록 먼저 도와드린 후 사인을 하겠다며 양해를 구했다. 서점의 고요는 곧 서점인의 태도였다.

서점 카페에서 따뜻한 호지 차를 마시며 잠시 앉아 있었다. 저자 사인을 받은 『작은 목소리, 빛나는 책장』을 다시 읽었다. 이 짧은 시간에 마음에 변화가 생겼다. 거울을 보지 않았으나 아마 얼굴도 맑아졌을 게다. 공항에서 내려 짐을 끌고 먼 이국의 거리를 헤매느라 다소 피곤했다. 그 젖은 마음이 다리미로 쫙 편 듯 말끔해졌다. 온몸이 바르게 선 느낌이 들자 이제 되었다 싶었다. 인사를 하고 나오니 어둠이 내려있었다. 책방은 이런 곳이다. 잠시나마 자신에게 집중할 수 있는 곳이다. 내 안의 에너지를 그저 쏟아내는 일상에서 벗어나 충전이 가능한 곳이다.

대중독서의 시대는 묵독과 함께 찾아왔다. 우리 역시 18세기 말이 되자 전기수가 책을 읽어주던 낭독의 시대에서 개인이 묵독으로 읽는 시대로 이행했다.* 독서방식의 변화는 근대의 뿌리라 여겨지는 개인을 낳는 계기가 되었다. 이제 읽기는 철저하게 혼자서 하는 일이 되었다.

언젠가 소설가 김연수가 이런 말을 한 적이 있다. 혼자 하는 일이라 소설을 쓰기 시작했다고. 아마 영화처럼 여럿이 만들어야 하는 거라면 절대 하지 않았을 거라고. 이 말을 빌려 쓰자면 나 역시 읽기를

*윤정안,「조선후기 서울의 도시화와 독서 형태의 변화」, 서울시립대 서울학연구소, 2019

좋아하게 된 건 혼자서 할 수 있는 일이기 때문이었다. 다른 사람들과 힘을 합쳐야 했다면 분명 좋아하지 않았을 테다. 낯선 곳에 갈 때면 언제나 책을 들고 갔다. 책을 펼치면 홀로 있어 주뼛거리던 마음은 사라지고 책 속의 시공간으로 사뿐히 들어갈 수 있으니까.

한데 세상은 돌고 돌아서 다시 여럿이 읽는 시대가 찾아왔다. 단순하게 낭독을 한다는 의미만은 아니다. 한 권의 책을 함께 나누는 북클럽의 유행이다. 과장을 좀 섞으면 동네책방 중에 북클럽을 하지 않는 곳을 본 적이 없다. 누구는 "독서운동 해봤자 독서율만 점점 더 낮아진다"고 했다지만, 구호만 내세우고 겉치레로 가득 찬 독서운동의 결과는 참담했다. 반면 북클럽은 다르다. 책읽기는 경험이며, 책을 읽고 변화를 느껴야 독자가 된다. 동네책방의 북클럽은 시간은 좀 걸리지만 독실한 독자를 만들고 있다.

김포 '꿈틀책방'은 9년차다. 한데 이 책방에는 '엄마의서재'라는 10년 된 북클럽이 있다. 가족을

위한 책이 아니라 양육자 자신을 위한 책을 골라
읽는 모임이자, 책방을 태동한 북클럽이다. 제주
'보배책방'은 애월 올레길 인근에 있어 여행자의
발길이 잦다. 여행자가 찾는 책방은 장점은 확실하지만
독자를 다시 만날 일은 드물다. 대신 '보배책방'은
여러 개의 북클럽을 운영하며 지역에 단단히
뿌리내리는 길을 찾았다. 서울 서대문구의 한옥서점
'서울의시간을그리다'는 벽돌책 북클럽을 한다.
『사피엔스』 같은 두꺼운 책을 골라 매주 읽어야 할
페이지를 정하고 온라인에서 인증한다. 다 읽으면
책방에 모여 함께 감상을 나눈다.

    시작은 혼자였으나 도착해보니 다른 세계를 만나는
일이 읽기다. 읽기는 혼자만 잘 살기 위해서가 아닌
함께 살기 위한 일이다. 하지만 읽기가 어려워진 시대,
안내자가 필요하다. 읽기를 통해 성장하고 마침내
공동체의 읽기로 나아가도록 동네책방이 이끌고
있다. 말이 글이 되어 책에 담기면 납작해진다. 책이
이야기하는 가치가 좀 막연할 뿐 독자에게 가닿지 않을

때도 있다. 동네책방의 북클럽은 이 어려움을 함께 넘는다. 그러는 사이 막연하기만 하던 가치와 의미를 책에서 읽어내고, 사람들과 나눈다. 그 과정에서 나를 찾고 우리를 만난다.

지방마다 혁신도시나 신도시가 생겨나며 원도심이 쇠락해가던 모습을 기억할지 모르겠다. 문을 닫은 가게가 줄지어 있는 을씨년스러운 거리에서는 사람도 살 수 없다. 런던이나 파리에 여행을 가면 세 가지 구경을 한다. 성당과 박물관 그리고 아기자기한 가게들이 있는 거리 구경이다. 하지만 어디나 사람들이 모여들면 젠트리피케이션이 생기고 거리의 아름다움은 사라지고 획일화된다. 이를 막고자 파리는 도시 경관을 보호하는 법령을 만들고 마레 지구나 오스만 대로 등은 수공업 보호 거리로 지정했다. 걷고 싶은 거리가 되려면 문화역사유적뿐 아니라 카페, 빵집, 서점, 약국, 채소 가게, 치즈 가게 같은 작은 가게들이 필요하다. 프랜차이즈 숍뿐인 골목은 지루하다.

골목의 작은 가게 중에서도 지역의 커뮤니케이터

역할을 하는 곳이 있다. 책방이다. 카페나 술집이나
빵집이 거리를 다채롭게 하고 사람을 불러 모으지만,
지역의 구심점 역할을 하기는 어렵다. 책방은 다르다.
책방은 지역의 사람을 모으고 커뮤니티를 만든다.
내포신도시는 충남 도청이 이전하며 만들어진 신도시다.
관공서와 아파트는 생겨났지만, 도시의 인프라는 아직
부족하다. 사람들이 딱히 갈 곳이 없다는 말이다.
이곳에 처음으로 '소란서림'이 생기자 지역민들이
모여들었다. 청소년 중창단이 연습을 하고, 할머니들이
하모니카를 불고, 시 낭독, 글쓰기, 영어회화 모임도
한다. 책방에 매일 사람들이 모인다. 시모임에는 수덕사
아래서 밥집을 하는 사장님이 온다. 매일 나물을 무치고
돌솥에 밥을 안치고 된장국을 끓이지만 책방에서 시를
낭독하는 날은 다른 사람이 된다.

    대전 대덕구 우산봉 아래 '버찌책방'의 조예은
대표가 이런 말을 들려줬다. "종이책을 읽을 때는 무슨
책을 읽는가 보다 어디서 읽는지, 누구랑 읽는지가
중요한 것 같아요." 동네책방은 공동체의식이

사라지는 시대에 마지막 남은 커뮤니티 공간이다. 인간적인 것들이 사라지고 있다. 돈으로 돈을 벌고, 커뮤니케이션을 위한 언어는 인공지능이 써준다. 사회를 이루는 최소단위, 가족 관계도 달라진다. 우치다 다쓰루는 말한다. "인간사회에서 일어나는 일의 의미를 상품과 화폐의 교환만으로만 따지는 사람은 엄밀하게 말해 인간이 아닙니다. 인간만이 공동체를 만들 수 있습니다. 우리가 지금 누리는 사회제도, 언어, 학문, 종교, 생활문화 등은 모든 것이 선대의 선물입니다. 그것을 온전한 형태로 미래 사회에 넘겨줘야 합니다."* 하지만 무엇으로 인간다움을 가꾸고 물려줄 것인가. 그러므로 동네책방은 미래다. 동네책방이 살아 있다면 책 또한 사라질 리 없다.

---

*우치다 다쓰루, 박우현 옮김, 『로컬로 턴!』, 이숲, 2022

신 없는 고통은
견딜 수 있지만

장 웅

사실, 애써 상상할 필요는 없다. 사람들 대부분은 이미 '책 없는 세계'에서 살고 있다. '국민 독서실태 조사'에 따르면, 우리나라 성인 열 명 중 여섯 명은 한 해 한 권도 책을 읽지 않는다. 이들에게 책은 보이지 않는 유령, 있어도 없는 존재나 다름없다.

역사적으로도 그렇다. 『다시 책으로』에서 매리언 울프가 말하듯, 인간은 본래 책을 읽도록 태어나지 않았다. 현생 인류는 약 20만 년 전 지구에 나타난 이래, 전체 역사의 약 99.98퍼센트에 달하는 기나긴 시간 동안 책 없이 살았다. 하루 24시간으로 환산하면, 인간이 문자를 발명하고 책을 읽기 시작한 시각은 23시 59분 40초다. 더 좁히면, 사람들 대다수가 문자를 익히고 책에 접근할 수 있게 된 건 길게 잡아도 지난 200년 동안의 일, 역사 시계에선 약 2초 동안 벌어진 일이다. 그야말로 눈 깜짝할 시간에 불과하다. 오히려 '책 있는 세상'이 예외적인 셈이다. 인간은 책 없이도 얼마든지 잘 먹고 잘살 수 있다.

그렇다 해서 책이 쓸데없다든지, 책이 없어도

괜찮다는 말은 아니다. 책은 인류 문명을 진보시키고, 인간 삶에 의미와 방향을 부여하며, 인간 사유에 깊이를 불어넣는 가장 강력한 도구다. 하나의 책은 각각 작은 세계를 하나씩 담고 있다. 책마다 특정한 주제에 관해 지금껏 인류가 탐구해서 알아낸 것 전체를 정연하게 압축하고 조리 있게 정리해둔 기나긴 서사가 담겨 있다. 어떤 사태 전체를 조망하면서 이야기하기, 이것이 책의 가장 큰 특징이다. 독서는 고루 따지고 두루 살핀 후, 느리고 천천히, 그 핵심을 꿰뚫어 보면서 이야기하는 능력을 길러준다. 사람들은 이를 지혜 또는 통찰이라고 불렀다.

    출판의 본질은 '손안의 책'이라는 말로 압축된다. 책은 소수만 알던 비법을 다수의 손안에 쥐어준다. 본래 지혜나 통찰은 소수 지식계급 또는 사제계급의 역능이었다. 이들은 지배계급 곁에 빌붙어 그들이 부족이나 국가를 다스리고 사람들을 효과 있게 통치하도록 돕는 일로 먹고산다. 백성은 당장 눈앞에 주어진 일만 생각해도 충분하지만, 이들에겐 세계

전체를 조망하면서 생각하는 힘이 필수적이다. 고대 그리스인들은 이를 테오리아theoria(관조)라고 불렀다.

관조는 위에서 내려다보면서 전체를 살피는 일이다. 이는 현자의 눈이자 지배자의 눈, 곧 주인의 눈이다. 독일 철학자 프리드리히 니체에 따르면, 관조는 "독수리의 눈으로 세상을 보는 일"이다. 통치자가 이런 눈을 잃고 사리사욕을 추구할 때 공동체는 위기를 맞이한다. 반대로, 누구든 이러한 눈을 갖추면 자기 삶의 주인이 된다. 민주주의는 모든 시민이 전체를 보는 눈을 갖출 때 비로소 올바로 작동한다. 근대 민주주의가 보통교육의 등장에 따른 문맹률의 저하, 인쇄 기술의 발달에 따른 책의 대량 보급과 나란히 발전한 건 전혀 우연이 아니다. 책 없는 민주주의는 현재로선 상상하기 어렵다.

책이 실제로 사라지거나 아무도 책을 읽지 못하게 되면, 과연 세상은 어떻게 변할까. 우리는 이러한 질문에 답하는 책, 즉 아직 오지 않은 미래를 그려내고,

일어날 것 같지 않은 상상의 세계를 조망하는 훌륭한
이야기 양식을 이미 알고 있다. SF 소설이다.

　최초의 본격적 SF소설은 메리 셸리의
『프랑켄슈타인』으로 알려져 있다. 이 소설에서
지식은 경이의 체험이자 경계의 대상으로 나타난다.
인공 생명체인 '그것'을 창조한 후 방치함으로써
파멸적 재앙을 가져온 프랑켄슈타인 박사에게 한정
없는 지식은 위험하다. 그는 말한다. "내 일을
거울삼아 배우도록. 지식의 획득이 얼마나 위험한지,
본성이 허용하는 한계 이상으로 위대해지려는
사람보다 자기 고향을 세상 전부로 아는 사람이
얼마나 더 행복한지를 말이다."

　이 생명공학자는 인간보다 힘세고 이해력 높은
괴물을 인공적으로 빚어낸 후, 곧이어 자신이 끔찍한
일을 저질렀음을 깨닫고 후회한다. 그에 따르면,
인간은 운명의 제약, 즉 정해진 분수에 만족할 때,
더 좋은 삶을 살 수 있다. 전체를 조망하는 지식은 결국
우리를 망칠 뿐이다. 이는 어찌 보면 종교의 세계관,

즉 지배계급이 피지배계급의 자유를 억누를 때
흔히 하는 말이다. 여기엔 당대 눈부시게 발전하는
과학기술에 대한 종교적 경계가 담겨 있다.

반면, 프랑켄슈타인 박사의 손으로 탄생한 '그것'은
책을 읽고 눈에서 비늘이 떨어지는 듯한 놀라운 체험을
한다. 박사에게 버림받고 외로움 속에서 떠돌던
'그것'은 숲속 외딴 오두막에서 사는 한 가족의 일상을
지켜보면서 언어를 배우고 음악을 들으며 인간의 삶을
배워 간다. 그러던 어느 날, 그는 숲속에 떨어진 가죽
가방 속에서 책 세 권을 얻는다. 『실낙원』 『플루타르크
영웅전』 『젊은 베르테르의 슬픔』이었다.

종교와 역사와 문학을 대표하는 이 책들을
통해서 그는 세상의 이치를 배우고, 인간 마음의
비밀을 알게 된다. '그것'은 말한다. "이 책들이 내게
얼마나 큰 영향을 주었는지는 묘사하기 힘들 정도야.
그 책들을 읽고 내 안에 끝없이 솟아나는 새로운
이미지와 감정으로 가끔 황홀하기도 했으나, 때론
절망의 나락에 떨어지기도 했어." 무엇보다 그는 책을

통해서 "나는 누구인가? 나는 어떤 존재인가? 나는 어디서 왔나? 나는 어디로 가야 하나?" 같은 근원적 질문을 떠올린다. 이에 대한 오랜 탐구 끝에 그는 행복해지려면 자신에게도 짝이 필요함을 깨닫는다.

책 없는 세계에서 살 때, '그것'은 외롭고 힘들었다. 책은 그에게 개인적인 감정, 특히 절망과 우울을 알게 해주는 한편, 영웅적 행위의 고상함과 형이상학 탐구의 심오함도 가르쳤다. 그 결과, 그는 사람을 괴물로 만들지 않는 건 결국 우애란 사실을 깨닫는다. 혼자서 행복해지는 법은 없다. 친구를 사귀고 연인을 곁에 둘 때만 행복할 수 있다. 인류를 친구로 두는 법을 깨닫고 이를 실천하는 사람은 위대함을 얻는다.

모든 인간은 정체성이 정해지지 않은 '그것'으로 태어난다. '그것'이 절제와 중용을 지키면서 타자와 공존하는 인간이 되느냐, 외로움에 지쳐서 폭력과 살인에 중독된 괴물이 되느냐는 누군가 그에게 사랑을 베푸느냐에 달려 있다. 추악한 외모에 놀라서 자기 손으로 만든 '그것'을 버린 프랑켄슈타인 박사는 우애를 알지 못했다. 그는 세상 모든 지식을 공부해 알았으나, 인간다움의 기초인 우정과 사랑의 힘은 충분히 깨닫지 못했다. 그래서 겉모습으로 사람을 판단하고 차별하고 배제하는 인종주의 태도를 끝내 넘어서지 못했다. '그것'을 괴물로 만든 건 결국 박사의 무능력, 그러니까 우애를 자기 삶에서 실천하지 못하는 미성숙 탓이다.

프랑켄슈타인 박사는 과학기술에 대한 폭넓은 지식을 갖추었으나, 인간 삶의 본질을 통찰하는 지혜를 쌓지 못했다. '그것'은 괴물로 태어난 게 아니라, 우애의 힘을 무시해버린 박사 탓에 괴물로 변했다. 메리 셸리는 이 작품을 통해서 사람들에게 경고한다. 우애라는 제동장치가 없을 때, 과학기술은 괴물을 쏟아내는 공장으로 전락한다. 이 작품에서 책은 우리에게 우애의 심오한 힘을 가르치는 장치로 나타난다. '책 없는 세계'는 아마도 책을 알기 전의 '그것'처럼 우정과 사랑이 인간 사회를 유지하는 데 얼마만큼 중요한지를 깨닫지 못할 것이다.

체코 작가 카렐 차페크의 「R.U.R.」은

'로봇robot'이란 말이 처음 쓰인 작품으로 유명하다. 이 말은 체코어로 '강제 노동'을 뜻하는 로보타robota에서 왔다. 로봇은 인간을 대신해 노동하는 기계 작업자를 의미한다. 이 작품은 노동에서 해방된 인류 사회의 모습, 로봇의 반란과 인류의 파멸 등을 그려낸다. 작품에서 로봇을 발명한 과학자 로숨은 철저한 유물론자다. 그는 신이 불필요하다고 믿고, 이를 증명하기 위해 인공 생명체인 로봇을 발명한다. 그의 이름 로숨Rossum은 체코어 로줌rozum에서 유래한 것으로, '이성, 지혜, 지성'을 뜻한다.

그의 아들 로숨은 아버지가 발명한 로봇을 상품 생산 도구로 전환해 인간 노동을 완전히 대체하려는 야심 찬 기획을 실천한다. 그에 따르면 "인간이란 기계는 대책이 안 설 만큼 불완전"하다. 비용도 너무 많이 들고 효율성도 무척 떨어진다. 태어나자마자 곧바로 일할 수 있는 로봇과 비교해 인간은 자라서 일할 때까지 시간도 너무 많이 든다. 로숨의 회사에서 대량으로 생산된 로봇이 전 세계로 팔려 나가면서 인간

대신 로봇이 일하고 전쟁하는 세상이 온다. 오늘날, 우리는 그 세계로 들어서는 문턱에 놓여 있다. 그 세상, 역사상 최초로 인류가 노동에서 해방된 세상은 좋은 세상일까? 로숨은 말한다. "인류는 일자리를 잃겠죠. 그러나 그때가 되면 해야 할 일 자체가 없을 겁니다. 모든 일은 살아 있는 기계들이 할 테니 말입니다. 사람들은 즐기고 싶은 일만 하면 됩니다. 인류는 자아실현을 위해서만 사는 거죠."

독서실태조사에 따르면, 사람들이 책을 읽지 않는 이유로 가장 많이 드는 건 '책 읽을 시간이 없어서'다. 그렇다면 차페크의 상상 세계에서 "자기가 싫어하는 일을 하면서 자기 영혼을 파괴하는 짓을 하지 않게" 된 인간은 자아실현을 위해 열렬히 책을 읽게 되었을까? 전혀 그렇지 않다. 시간이 없어 책을 읽지 않는다는 건 일종의 자기기만, 서툰 변명에 지나지 않는다. 사람은 시간이 남아 책을 읽는 게 아니라 일부러 시간을 내서 책을 읽는다. 책 읽는 일이 다른 모든 활동보다 흥미롭고 재미있으며 유익하다고 여기는 사람만이 진짜 독자가 된다.

「R.U.R.」에서 도민은 로봇 생산 공장의 지배인이다. 작품 첫머리에 묘사된 그의 사무실 풍경엔 책이 아예 없다. "바닥에는 호화로운 터키 카펫이 깔려 있고, 오른쪽에는 둥근 탁자, 소파, 가죽으로 된 팔걸이의자가 있고, 책 대신 와인과 독주 병이 놓인 책장이 있다. 왼쪽에는 금고가 있다." 그는 자기를 완성하기 위해 살기는커녕, 돈에 미치고 사치와 향락에 흘려 있다. 호화 터키 카펫, 와인과 위스키, 금고는 그의 내면을 드러내는 풍경이다. "인간의 노동이 필요 없어졌기에, 고통이 필요 없어졌기에… 사람들은 즐기는 것 외엔 아무것도, 아무것도, 아무것도 필요하지 않기 때문입니다. 오, 이거야말로 저주받은 낙원입니다. 인간에게 지상낙원을 주는 것보다 더 끔찍한 일은 없습니다!"

이 작품에서 책은 여전히 인류의 지성과 지혜의 정수로, 자기실현의 핵심 과정이다. 그러나 인류를 대체한 로봇 사회에는 책 읽는 인간이 더 이상 존재하지 않고, 기억은 기계에만 남는다. 도민의 책장이 텅 비어 있다는 건 그의 내적 공허를 암시한다. 그의 이름이 상징하듯, 궁극의 지배자가 된 그는 물질적 풍요와 기계적 효율을 결합하기 위해 애쓰다가 무참히 죽는다. 노동의 외주화는 나태와 쾌락의 시간을 늘리고, 사유의 외주화를 가져왔을 뿐 자기완성이라는 이상과는 아무 상관없었다. 독서를 위해 시간을 낼 줄 아는 사람만이 책 읽는 인간이 된다.

흥미로운 건 인류가 로봇화해서 생각하지 않는 존재로 변해가는 동안, 로봇은 인간이 포기한 지식과 지혜를 학습하면서 인간화한다는 점이다. 헬레나 글로리는 로봇의 영혼과 지성을 믿고, 그들에게 인간과 동등한 권리가 있다고 생각한다. 로숨 공장에 파견된 그녀는 로봇을 도서관에 집어넣어 책을 읽고, 인류의 지식과 지혜를 학습하게 한다.

그 과정에서 자아를 얻은 로봇 라디우스는 말한다. "나는 당신들을 위해 일하지 않을 겁니다. 나는 어떤 주인도 필요하지 않습니다." 또한 그는 지식을 도구적으로, 즉 효율을 높이는 수단으로 전락시킨 인류를 본받아, 비효율적인 인류를 지배하고 박멸하기 위한 반란을 일으킨다. "너희가 사람처럼 되고 싶다면, 죽이고 정복해야만 한다." 서구 계몽주의와 자본주의, 제국주의와 인종주의의 논리를 압축한 말이다.

로봇과 인류의 전쟁은 서로를 절멸하는 결과를 낳는다. 인류는 로봇의 압도적 군사력에 밀려서 멸종하고, 그 와중에 '로봇 제조법'이 담긴 문서가 소실된다. 그러자 더 이상 새 로봇이 생산되지 못하면서 로봇도 멸종의 길에 접어든다. 유일하게 살아남은 인간 알퀴스트는 '손으로 일하는' 인간이다. 그는 '로봇 제조법'을 복구하려 하지만 실패한다. 로봇 제조법은 정보 또는 공학적 지식이 아니라 탐구와 경험이 쌓여서 로섬이 '체화한 비법'이었던 까닭이다.

지식 없는 노동은 인간을 기계화하고, 노동 없는 지식은 인간을 허깨비로 만든다. 차페크는 책 없는 세계는 결국 인간 없는 세계, 인간이 필요 없는 세계로 이어진다고 우리에게 경고한다. '로봇 제조법' 복구에 실패한 알퀴스트는 망연자실한 절망 속에서 한 줄기

희망을 발견한다. 그는 책을 읽는 와중에 인간 고유의 감정인 사랑과 공감의 중요성을 깨달은 두 로봇 프리무스와 헬레나를 아담과 이브로 명명한다.

일찍이 『실낙원』에서 존 밀턴은 낙원에서 쫓겨나 추방되는 두 남녀가 손을 꽉 잡고 있었다고 노래했다. "아담과 하와는 고개를 돌리고, 지금까지 그들의 행복한 처소였던 낙원의 동쪽을 바라본다. 그 위에서는 불 칼이 휘둘리고, 문에는 무서운 얼굴과 불의 무기들이 가득하다. 그들은 눈물이 절로 흘렀으나, 곧 닦는다. 안주의 땅을 선택하도록 온 세계가 그들 앞에 전개되어 있다. 섭리는 그들의 안내자. 그들은 손을 마주 잡고 방랑의 걸음으로 느리게, 에덴을 통과하여 그 쓸쓸한 길을 갔다." (『실낙원』 12편 640~649행)

무서운 재난이 하루하루 이어지고 힘겨운 노동이 나날이 거듭되는 게 우리의 진짜 고통은 아니다. 마주 잡은 손이 있는 한, 우리는 언젠가 평화의 땅, 기쁨의 대지를 우리 힘으로 이룩할 수 있다. 이것이 궁극의 지혜, 즉 섭리다. 인류의 진정한 불행은 마주 잡은 손을 잃을 때 찾아온다. 우리는 신 없는 고통은 견딜 수 있으나, 사랑과 우애를 잃으면 '괴물'이 된다. 문학은 우리에게 말한다. 책 없는 세계는 괴물들이 날뛰는 세계, 희망 없는 세계, 안식 없는 세계가 될 것이라고.

지구로 돌아온 조종사의 눈물

박산호

아침 7시 반, 침대 옆 바닥 어딘가에 놔둔 핸드폰의 알람이 지잉지잉 울린다. 잠의 바다에 빠져 있던 내가 힘겹게 팔을 뻗어 바닥을 더듬거리다 협탁을 치자 책들이 떨어져 핸드폰을 덮어버린다. 지잉지잉 소리가 희미하지만 끈질기게 울린다. 결국 나는 무거운 몸을 일으켜서 책더미에 깔려 압사당하기 직전인 핸드폰을 찾아 알람을 껐다.

침대 발치에 세로로 길게 누워 있던 늙은 고양이가 다가와 작은 머리를 내 발등에 부비부비하는 사이에, 나는 바닥에 널브러진 『나는 북경의 택배 기사입니다』와 『빛과 물질에 관한 이론』과 나의 일기장과 월터 휘트먼의 『풀잎』을 집어서 협탁에 다시 쌓아놓는다. 오늘도 이렇게 하루가 시작됐다.

책이 없는 세상을 상상하자, 지금까지 본 어떤 공포 영화보다 더 무시무시한 공포가 나를 덮쳐왔다. 매일 아침 일어날 때마다 침대 밑으로 쏟아지는 책들이 없다면(병렬 독서가 습관이라), 불안과 욕망과 질투가

폭발할 때마다 인터넷 서점에서 광적으로 클릭할 때
느끼는 안도감을 잃어버린다면, 우연히 발길을 멈추게
하는 작고 예쁜 서점들이 거리에서 모조리 실종된다면,
거실 바닥에서 강아지와 뒹구는 것도 지치고, 유튜브도
지겹고, 넷플릭스도 볼만한 게 없을 때 들어가는
우리 집 서재에 책이 한 권도 없다면 호시탐탐 나를
엄습하는 불안과 걱정과 권태로부터 무엇으로 나를
지킬 수 있을까.

    무엇보다 책이 없다면 책을 번역하고 글을 써서
책을 만들어 먹고 사는 나는 순식간에 실업자가 되는
것 아닌가! 물론 지금도 배 터지게 잘 먹고 잘사는
건 아니지만 근근이 먹고 사는 것과 땡전 한 푼 벌 수
없는 실업자가 되는 것 사이에는 웅덩이와 바다만큼의
차이가 있다. 그렇다면 어떻게 하지? 아니, 작고 시시한
나 따위가 아니라 이 세상은, 세계는 어떻게 되는
걸까? 책이 없는 세상이란 과연 어떤 모습이고, 그런
디스토피아가 언젠가는 도래할까?

    구제 불능의 책 중독자는 이런 상상 끝에 『화씨

451』이란 소설을 만나게 됐다. 이 소설은 책을 금지한 세계, 책을 발견하는 즉시 활활 불태워버리는 세계, 그런 일을 전문으로 하는 방화수라는 직업이 존재하는 세상을 그린 책이다. 화씨 451이란 인상적인 제목이 나오게 된 계기가 재미있다. 작가 레이 브래드버리는 이 책을 쓰기 전에 소방서에 전화를 걸어서 "종이가 불에 타는 온도가 몇 도냐?"라고 물어봤고 "화씨 451도"라는 대답이 돌아왔다고 한다. 이 책을 읽는 내내 책장을 넘길 때마다 화씨 451도라는 뜨거움이 내 손가락을 스치는 듯한 환각에 빠져들곤 했다.

주인공인 몬태그는 방화수로 일한다. 어느 날 이웃집에 사는 소녀 클라리스를 우연히 만나면서 평온한(줄 알았던) 그의 일상에 조금씩 균열이 일어나기 시작한다. 클라리스는 그가 평소 생각해보지 않았던 질문을 던지고, 들어본 적도 없는 이야기를 해서 그의 일상을 폭풍처럼 흔들어놓는다. 예를 들어 지금까지 태웠던 책 중에서 읽어본 책은 없냐고 해서 그를 당황하게 한다. 그건 법을 어기는 짓이지, 라고 몬태그는 웃으며 답한다. 그러나 과연 그럴까? 책을 매일 같이 태우는 게 방화수들이 언젠가는 자신이 뭘 태우고 있는지 궁금해 하는 것 역시 필연 아닐까.

　클라리스와 그의 가족들은 평범하지 않다는 작가의 묘사를 통해 이 세계가 어떤 곳인지 독자는 알 수 있다. 클라리스의 삼촌은 속도와 효율을 중시하는 시대에서 그가 놓치고 있는 풍경을 보고 관찰하기 위해 시속 60마일(시속 96킬로미터)로 제트카를 달렸다가 이틀 동안 감옥에 갇혔다. 심지어 걸어 다니기를 고집했다가 잡혀간 적도 있다. 밤에는 가족끼리 둘러앉아서 이야기를 나눈다고 클라리스는 말한다. 그러더니 마지막으로 아저씨는 행복하냐는 질문을 던진다.

　내가 행복할까? 당연히 나는 행복하지.
자문자답하며 집의 3면이 벽면 스크린으로 둘러싸인 집으로 돌아온 몬태그는 자살을 시도한 아내를 발견한다. 하루 종일 그 스크린에서 나오는 영상을 보고, 골무처럼 생긴 라디오를 귀에 낀 채 실제 사람의 목소리, 실제 풍경과 주위에서 나오는 소리는 듣지 않은 채 오로지 거기서 나오는 파도 소리나 음악이나 사람들의 이야기 소리만 듣고 살던 아내가 죽으려 한 것이다. 그러나 몬태그가 거금을 들여 살려낸 아내는 다시 기존의 삶에서 헤어 나오지 못한 채 마지막 남은 벽 하나도 인공 스크린을 설치하자고 조른다.

 몬태그는 점점 클라리스와의 대화에 빠져들면서 소녀가 들려주는 이야기를 더 자주 생각하게 되고 그러다 결국 절규하게 된다. "우리가 필요한 건 뭐든지 있고, 행복해지기 위해서 무엇 하나 모자란 게 없는 세상인데 우린 행복하지 않아요. 뭔가가 빠져 있어요. 제가 확실하게 알 수 있었던 단 한 가지는 그동안에 사라진 거라곤 지난 10년이 넘는 세월 동안 제가 불태워 없앤 책들, 책들이었습니다. 그래서 저는 책에 뭔가 해답이 있을 거라고 생각했습니다."(『화씨 451』)

 책이 사라진 세상에서 책들이 담고 있는 이야기이자 소중한 인류의 유산을 보존하는 방법으로 책을 머릿속에 담고 있는 사람들과 답을 찾는 몬태그가 만나는 것으로 이야기는 끝난다. 종이책이

없어진 세상에서 지식을 보존하기 위해 다시 종이책
이전의 매체인 구전 전승으로 돌아간다는 결말은
아이러니하면서도 아름다웠다. 원래 사람의 머릿속에서
나온 이야기가 다시 사람의 머릿속으로 들어가 영원히
사라지지 않고 대를 이어 전해진다는 작가의 메시지는
낭만적이기까지 했다.

나는 책이 없는 세상에서는 어떤 일이 일어날까를
생각해봤다. 그 세상의 첫 번째 특징은 로맨스가
없다는 것이다. 책과 로맨스가 무슨 상관이냐? 책이
없었다면 우리에겐 "오겡끼데스까?"라는 불멸의
대사로 알려진 일본 영화 「러브레터」에서 소년 후지이
이쓰키가 소녀 후지이 이쓰키에 대한 떨리는 마음을
도서관의 대출 카드에 거듭해서 적으며 몰래 사랑을
고백하는 명장면이 나올 수 있었을까? 책이 없었다면
베른하르트 슈링크가 쓴 『더 리더: 책을 읽어주는
남자』에서 자신을 도와준 30대 여인 한나에게 10대
소년 마이클이 책을 읽어주면서 사랑에 빠지는

놀랍고도 슬픈 이야기를 읽을 수 있었을까? 사람은 수많은 곳에서 서로 만나 사랑에 빠지지만, 내가 생각하는 가장 아름다운 곳은 바로 책으로 둘러싸인 곳이다. 책이 없는 세상에서는 더는 그런 우연과 취향과 감성이 만나는 로맨스를 이룰 수 없을 것이다.

두 번째로 책이 없는 세상에서는 우연한 화학반응을 일으키는 독특한 네트워킹이 일어나기 힘들다. 예를 들어 요즘 나는 밤마다 자기 전에 월터 휘트먼의 『풀잎』에 실린 시를 한 편씩 읽으며 1855년의 시가 이토록 현대적일 수 있나, 감탄하고 있었는데 뒤이어 읽은 레이 브래드버리의 소설 『화씨 451』에서 주인공인 몬태그가 이런 말을 하는 부분을 읽었다. "제가 하는 일은 보람 있는 일이죠. 월요일에는 밀레이를, 수요일에는 휘트먼을, 금요일에는 포크너를 재가 될 때까지 불태우자, 그리고 그 재도 다시 태우자. 이것이 우리의 공식적인 슬로건이죠."

이 구절을 읽는 순간 소름이 으스스 돋았다. 1855년에 출판된 『풀잎』을 2025년 여름 내가 밤마다 읽으며 감탄하고 있는데 만약 1953년에 출간된 『화씨 451』의 세상이 실제로 현실에서 구현됐더라면 내가 『풀잎』을 만날 일은 없었을 것 아닌가! 책이 아닌 인터넷 텍스트로도 하이퍼링크로 얼마든지 복잡하고 끝없는 네트워킹이 이뤄질 수 있지만, 인터넷에서 주어진 링크를 따라 이동하는 것과, 우연히 집은 책 속에서 꼬리에 꼬리를 타고 다른 독특한 책들로 이어지는 여정은 경험의 질 자체를 비교할 수 없다.

    세 번째로 책이 없는 세상에서는 상상력도, 창의력도 살아남을 수 없다. 이게 대체 무슨 소리냐? 책이 없어도 영상으로, 다른 형태의 텍스트로, 이미지로 우리는 창의력과 상상력을 발휘할 수 있다는 반론이 나올 수도 있다. 이 상상의 반론에 다시 반격을 가하자면, 영상과 이미지는 수용자로서 지극히 수동적으로 받아들이게 되는 매체다. 우리는 영상과 이미지를 보거나 감탄하거나 사진을 찍어두거나 핸드폰이나 컴퓨터에 저장할 뿐, 그에 대한 어느 것도 적극적이고 주체적으로 참여할 수 없다. 무엇보다 요즘처럼 숏츠와 릴스에 중독된 세상에서 빛의 속도로 흘러가는 화면을 보며 뭔가 영감을 받고 깊은 생각을 하기란 거의 불가능하다.

하지만 책은 다르다. 책은 느리게 읽고, 천천히 생각할 수 있으며, 뭔가 생각나거나 떠오를 때마다 줄을 긋고 귀퉁이에 메모하고, 마음에 드는 페이지를 접어두고, 심지어 페이지를 찢어서 지갑에 넣고 종종 들여다볼 수도 있다. 그러면서 마음에 드는 단어와 문장을 곱씹고 외우고 생각하다보면 책 속에 나온 세계에서 파생된 또 다른 세계를 만들어낼 수 있다. 결국 영화도, 드라마도, 영상도, 회화도, 음악도 이야기에서 비롯된다는 점을 생각했을 때 이야기를 오롯이 담아낼 수 있는 것으로 책보다 완벽한 매체는 지금까지 없었다.

네 번째로 책이 없는 세상에서는 공감할 수 있는 마음의 힘도, 나와 다른 타인을 배려하는 태도도 기를 수 없다. 『화씨 451』에서는 누구도, 심지어 가족들도 서로와 이야기를 나누지 않고, 서로에게 손톱만큼의 관심도 없다. 그들은 벽면 스크린만 보면서 현실이 아닌 이국적인 세계로 가상의 여행을 다니고, 옆에서 살아 숨 쉬는 가족이나 친구가 아닌 스크린에서 나를 다정하게 대해주고 예쁜 말을 해주는 사람들의 말만 귀담아듣는다. 어쩐지 기시감이 들지 않나? 오프라인이 아닌 온라인에서 만난 사람들을 더 편하게 생각하고, 현실의 경험이 아닌 가상 세계의 경험에 더 몰두하는 현대인을 떠올리게 되지 않나? 책은 그런 우리를 현실로 데려다놓는다. 우리는 경험하지 못한 처절한 굶주림을 책 속의 생생한 묘사를 통해 상상하게 되고, 죽을 때까지 알지 못할 북극의 추위를 활자로 읽으며 피부로 느끼게 되고, 장애인의 세계를 장애인이 쓴 에세이와 소설로 읽으며 그들의 삶을 생각해보게 된다. 그렇게 책은 우리의 세계를 크고 넓고 깊게 확장한다.

 마지막으로 책이 없는 세상은 그만큼 검열과 권력의 강화로 이어질 수 있다. 『화씨 451』에서 정부는 책 한 권 한 권을 지난하게 찾아다니며 불태우고 사람들의 생각과 상상력을 억압하는 데

거의 성공했지만, 그만큼 책을 지키려는 사람들의 저항도 끈질겼다. 그러나 책이 없는 세상에서 그 책을 대체하는 데이터를 삭제하기란 너무나 쉽다. 그야말로 클릭 한 번이면 권력자가 원하는 모든 데이터를 날려버릴 수 있고, 우리가 그토록 지키고자 했던 지식 역시 클라우드란 말처럼 구름 속으로 흩어질 것이다. 그런 상황에서 우리가 독재와 전체주의에 저항할 수 있을까.

어렸을 때 주말의 명화로 제목은 기억나지 않는 SF 영화를 본 적이 있다. 우주로 간 조종사가 어찌어찌하다가 결국 지구로 돌아왔는데, 오랜 세월이 흐른 후 도착한 지구는 모든 문명이 처참하게 붕괴한 상태였다. 조종사는 자신이 알고 있는 친숙한 풍경들을 찾아 헤매다가 길 가던 사람을 붙잡고 도서관이 어디 있냐고 묻는다. 무슨 이유에서인지 미래의 지구인은 머리를 박박 깎고 무채색의 옷을 입고 있어서 다 똑같아 보였는데, 그중 하나가 조종사를 도서관에 데려다줬다. 조종사가 반가운 마음에 책 한 권을 덥석

집어서 넘긴 순간 바로 책장이 바스러지며 먼지가 되어 허공으로 날아가버린다. 그 순간 주인공이 무너져 엉엉 울던 장면이 지금도 기억에 선하다. 어린 나는 그 조종사의 마음을 그때는 몰랐지만, 지금은 안다. 도서관이 무너지고, 마지막 남은 책들의 페이지가 바스러지는 세상은 그 어떤 세상보다 더 황폐하고 참담하다. 나는 그런 세상에서 살고 싶지 않다.

책이 없는 세상 — 논픽션

초판인쇄	2025년 10월 17일
초판발행	2025년 10월 24일
지은이	고명섭 김경수 김보경 박구용 박산호 서성진
	심의용 이다희 이유진 이정모 장은수 전병근
	조태성 천쓰훙 한미화 한유주
펴낸이	강성민
편집	김홍민 신현창 장동석 오은지 박상현
마케팅	엄현희 류연진 천슬기
제작	강신은
펴낸곳	출판도시문화재단	출판등록 2004년 1월 5일
	제2004-000001호
주소	경기도 파주시 회동길 145
전자우편	pajubookcity2003@gmail.com
전화번호	031-955-3298 기획홍보팀
ISBN	979-11-995026-1-1 00810

잘못된 책은 구입하신 서점에서 교환해드립니다.
기타 교환 문의 031-955-3298

 파페는 출판도시문화재단의 단행본 브랜드입니다.
www.pajubookcity.org